Ambrose / Harris

IMPRESIÓN Y ACABADOS

f. Proceso de producción de material impreso

m. Proceso de finalización de la fabricación o decoración del material impreso.

pad Parramón Diseño

Impresión y acabados

Título original: Print & Finish

Coordinación editorial de Parramón Ediciones, S.A.
Traducción. Blanca Rissech Roig
Edición y redacción final: María Fernanda Canal, Núria Barba, Esther Haba y Andreu Navarro

Tercera edición en castellano: abril de 2011

Rosselló i Porcel, 21, 9ª planta
08016 Barcelona (España)

Empresa del Grupo Norma de América Latina

www.parramon.com

Parramón Diseño

ISBN: 978-84-342-2909-9

Impreso en Singapur

Diseño y texto: Gavin Ambrose y Paul Harris
Fotografía: Xavier Young (www.xavieryoung.co.uk)
Diseño de la colección: Natalaia Price-Cabrera

Cliente: The End
Diseño: The Kitchen
Proceso:
Contraste de la cubierta de cartón gris táctil con una ilustración azul impresa por calor muy brillante.

The End

La cubierta de este folleto fue diseñada por The Kitchen para The End, un club nocturno de Londres. *The End Biography* celebra el décimo aniversario del club y presenta comentarios de periodistas musicales, ilustraciones de artistas especialmente encargadas y una sección de fotografías suplementaria. La cubierta presenta una ilustración de la entrada del club de Will Barras, que está impresa por calor en azul sobre cartón gris. Es práctico reproducir ilustraciones de línea fina con una película y además contrastan espectacularmente con la calidad sin tratar del cartón gris.

Sumario

Faydherbe / De Vringer

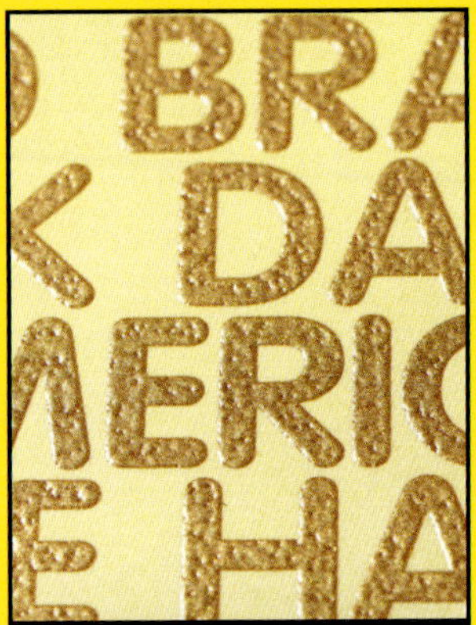

SEA Design

Turnbull Grey

Studio KA

HGV Felton

Studio Myerscough

Los diseñadores gráficos tienen una serie de procesos de impresión y técnicas de acabado a su disposición con los que crear publicaciones llamativas y efectivas. La impresión es el proceso de disponer la tinta sobre un soporte, pero el método que escoja un diseñador dependerá de factores prácticos como el coste, el volumen y el tiempo, además de factores más propiamente estéticos como la calidad del resultado visual. Los diferentes procesos de impresión, como la monotipia, el *offset* y la serigrafía, se pueden mezclar para obtener resultados distintos, pero eso no tiene que ser necesariamente el final del proceso de impresión. La mayoría de los productos impresos pueden realzarse con algún tipo de técnica de acabado cuando la tinta ya está en el papel, como el plegado, el troquelado, el termograbado o el entintado de planchas.

Soportes

Los soportes están disponibles en muchos pesos, colores y texturas y pueden tener un impacto espectacular en el resultado final del trabajo, añadiendo textura o algún otro tipo de propiedad. Este capítulo analiza las ventajas y las desventajas de algunos materiales para imprimir.

Impresión

Las diferentes técnicas para aplicar tinta sobre un soporte, como el ***offset***, la serigrafía, el huecograbado y la monotipia, pueden utilizarse para producir efectos creativos, que proceden de las características de los procesos en sí.

Acabados

Se pueden utilizar varios procesos para aportar el toque final a un trabajo de impresión, incluyendo el troquelado, el relieve, el grabado en seco, la impresión por calor y el barnizado, que pueden transformar cualquier publicación de aspecto corriente en algo mucho más especial.

Producción

El diseñador puede utilizar los procesos de producción para obtener resultados creativos, quizás manipulando canales y planchas o cambiando el orden en el que se imprimen los colores para cuatricromía, ya que es el diseñador quien debe controlar los procesos en vez de dejar que los procesos controlen su trabajo.

Encuadernación

Los diferentes métodos de encuadernación, como la canadiense, el plegado en cruz, la encuadernación en tapa dura y la encuadernación a la americana, ofrecen al diseñador una gama de diferentes funcionalidades y propiedades visuales que pueden aportar un toque especial a una publicación.

Acabados finales

Muchos productos impresos presentan una gama de técnicas que se tratan en este libro. En los ejemplos mostrados en esta sección, se encuentran interesantes opciones de impresión, peliculado, acabados y materiales.

Cliente: Ministerio de Sanidad, Países Bajos

Diseño: Faydherbe / De Vringer

Proceso: Título en relieve que aporta profundidad y textura.

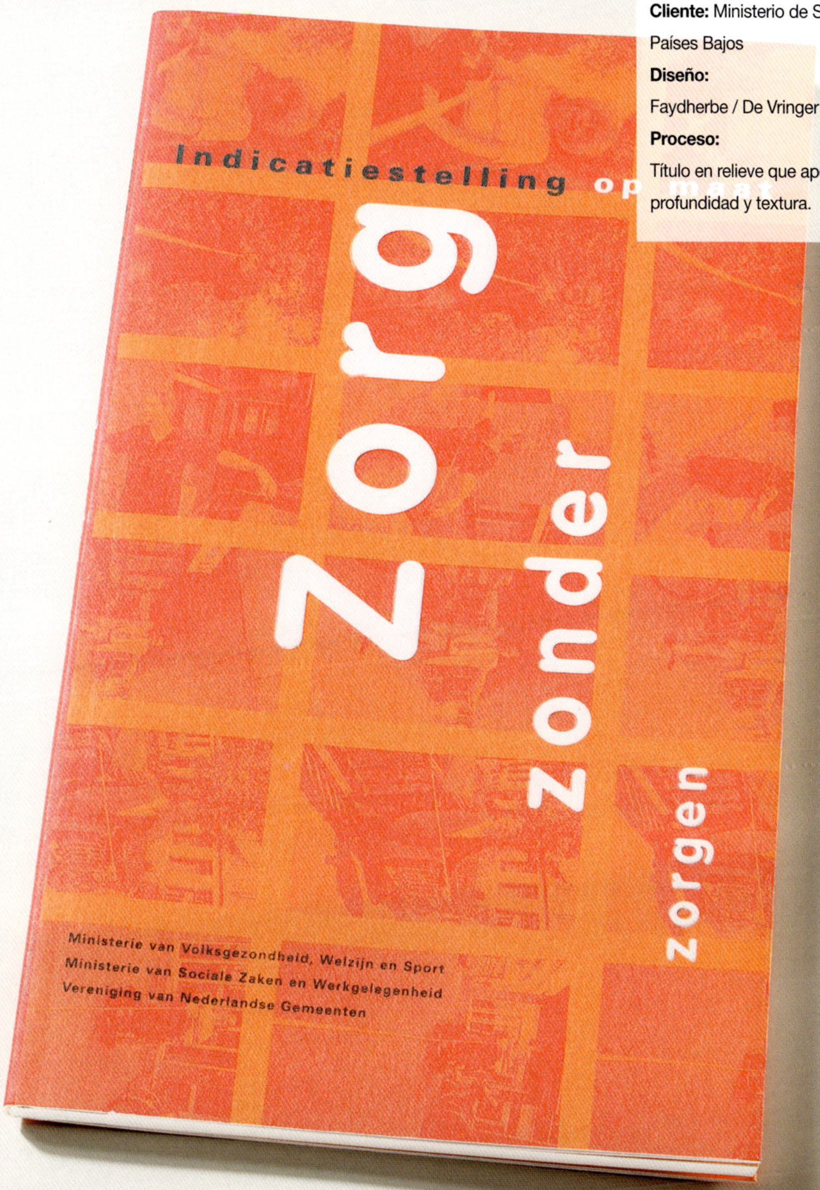

Zorg Zonder Zorgen

Esta es la cubierta de *Zorg Zonder Zorgen*, un folleto creado por el estudio de diseño holandés Faydherbe / De Vringer. El diseño de la cubierta imita a un contacto fotográfico en el que se muestra las imágenes de las personas entrevistadas en el folleto. El título de la publicación está superpuesto con letras blancas en relieve para aportar una mayor profundidad.

Cómo sacar el máximo partido a este libro

Este libro presenta diferentes aspectos de la impresión y de los acabados de impresión a través de capítulos dedicados a temas específicos. Cada capítulo ofrece numerosos ejemplos de usos creativos de la impresión y de las técnicas de acabado a partir de obras de importantes estudios de diseño contemporáneos, con notas para explicar los motivos que justifican las opciones de diseño tomadas.

Los principios clave de diseño figuran de forma destacada, de tal manera que el lector pueda ver cómo se aplican en la práctica.

Indicaciones de lectura
Cada capítulo tiene una franja indicadora que permite al lector localizar rápidamente los campos de interés.

Introducciones
Los comentarios de introducción a cada sección subrayan conceptos básicos que se tratan posteriormente.

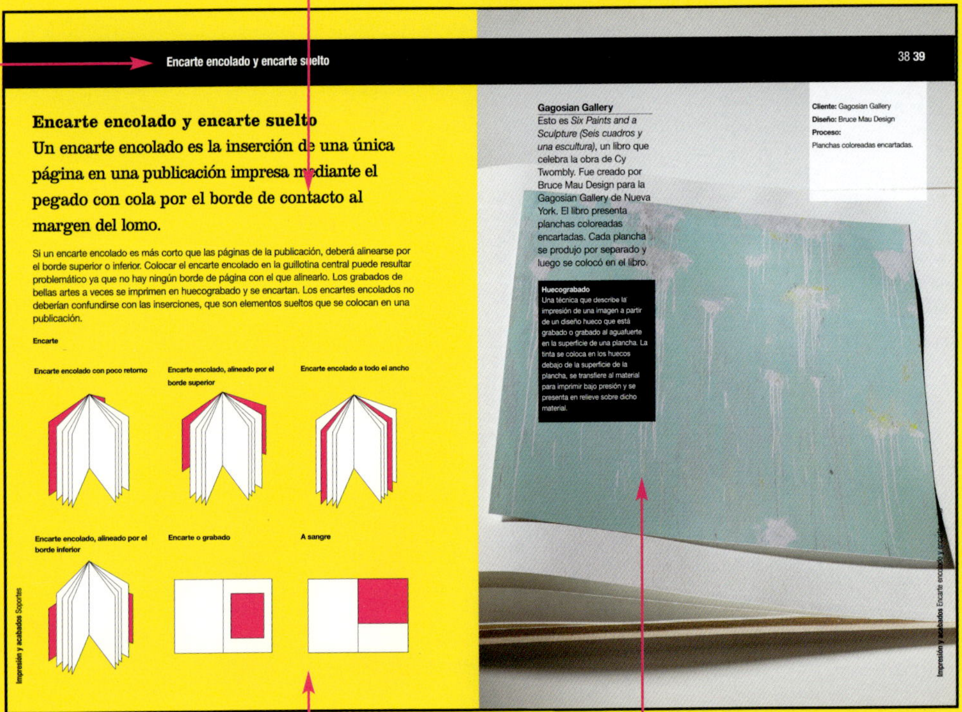

Encarte encolado y encarte suelto

38 39

Encarte encolado y encarte suelto
Un encarte encolado es la inserción de una única página en una publicación impresa mediante el pegado con cola por el borde de contacto al margen del lomo.

Si un encarte encolado es más corto que las páginas de la publicación, deberá alinearse por el borde superior o inferior. Colocar el encarte encolado en la guillotina central puede resultar problemático ya que no hay ningún borde de página con el que alinearlo. Los grabados de bellas artes a veces se imprimen en huecograbado y se encartan. Los encartes encolados no deberían confundirse con las inserciones, que son elementos sueltos que se colocan en una publicación.

Encarte

Encarte encolado con poco retorno

Encarte encolado, alineado por el borde superior

Encarte encolado a todo el ancho

Encarte encolado, alineado por el borde inferior

Encarte o grabado

A sangre

Gagosian Gallery
Esto es *Six Paints and a Sculpture (Seis cuadros y una escultura)*, un libro que celebra la obra de Cy Twombly. Fue creado por Bruce Mau Design para la Gagosian Gallery de Nueva York. El libro presenta planchas coloreadas encartadas. Cada plancha se produjo por separado y luego se colocó en el libro.

Huecograbado
Una técnica que describe la impresión de una imagen a partir de un diseño hueco que está grabado o grabado al aguafuerte en la superficie de una plancha. La tinta se coloca en los huecos debajo de la superficie de la plancha, se transfiere al material para imprimir bajo presión y se presenta en relieve sobre dicho material.

Cliente: Gagosian Gallery
Diseño: Bruce Mau Design
Proceso:
Planchas coloreadas encartadas.

Impresión y acabados Soportes

Diagramas
Los diagramas aclaran mejor el significado de la teoría al mostrarla.

Ejemplos
Proyectos comerciales de diseñadores contemporáneos que ilustran los principios que se están tratando.

Información complementaria
Se incluyen el cliente, el diseñador y las técnicas de impresión y acabado utilizadas.

Material de apoyo
Se incluye material de referencia adicional para añadir contexto a los ejemplos.

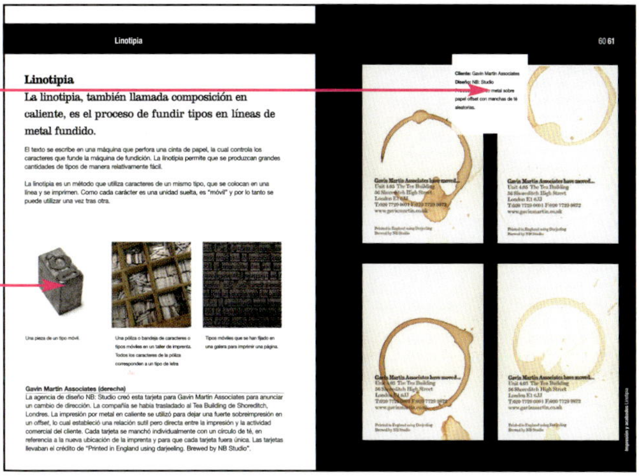
Linotipia 60 61

Linotipia
La linotipia, también llamada composición en caliente, es el proceso de fundir tipos en líneas de metal fundido.

El texto se escribe en una máquina que perfora una cinta de papel, la cual controla los caracteres que funde la máquina de fundición. La linotipia permite que se produzcan grandes cantidades de tipos de manera relativamente fácil.

La linotipia es un método que utiliza caracteres de un mismo tipo, que se colocan en una línea y se imprimen. Como cada carácter es una unidad suelta, es "móvil" y por lo tanto se puede utilizar una vez tras otra.

Una pieza de un tipo móvil.

Una póliza o bandeja de caracteres o tipos móviles en un taller de imprenta. Todos los caracteres de la póliza corresponden a un tipo de letra

Tipos móviles que se han fijado en una galera para imprimir una página.

Gavin Martin Associates (derecha)
La agencia de diseño NB: Studio creó esta tarjeta para Gavin Martin Associates para anunciar un cambio de dirección. La compañía se había trasladado al Tea Building de Shoreditch, Londres. La impresión por metal en caliente se utilizó para dejar una fuerte sobreimpresión en un offset, lo cual estableció una relación sutil pero directa entre la impresión y la actividad comercial del cliente. Cada tarjeta se manchó individualmente con un círculo de té, en referencia a la nueva ubicación de la imprenta y para que cada tarjeta fuera única. Las tarjetas llevaban el crédito de "Printed in England using darjeeling. Brewed by NB Studio".

14 15

Cliente: Lucky Voice
Diseño: MadeThought
Proceso:
Diseño en relieve sobre cartón Astrolux dorado.

Lucky Voice
Esta invitación a un local privado de karaoke, Lucky Voice, fue creada por el estudio de diseño MadeThought. El diseño está hecho en relieve sobre Astrolux dorado, un cartón especular muy brillante. Aunque el diseño es simple, la forma con la que se aprovechan las propiedades inherentes del soporte es de un gusto exquisito.

The George Hotel & Brasserie
Gavin Ambrose creó estas cartas de menú para The George Hotel & Brasserie. El diseño se imprime sobre un soporte *offset* para que las cartas de menú puedan sobreimprimirse con las distintas opciones de los menús del día utilizando el equipo de impresión del hotel. Esta solución satisface los requisitos prácticos del hotel de ofrecer un menú diario diferente imprimiendo las cartas según demanda, y también permite que el hotel presente a sus huéspedes un menú de aspecto profesional que comunica la frescura diaria asegurada de sus alimentos. El soporte *offset* tiene más poro, lo cual suaviza las imágenes de las cartas al imprimirse.

Cliente: The George Hotel & Brasserie
Diseño: Gavin Ambrose
Proceso:
Soporte *offset* para sobreimprimir según demanda.

Astrolux
Astrolux es una cartulina muy brillante y lustrosa que está disponible en una amplia gama de colores.

Sobreimprimir
Una técnica en la que un elemento de un diseño se imprime sobre otro para aportar textura y modificar los colores o el contenido de un diseño, o ambas cosas.

Explicaciones escritas
Los puntos clave se explican tomando como ejemplo un proyecto.

Información relacionada
En un espacio diferenciado se ofrecen definiciones e información relacionada con el tema.

Cliente: Robert Cary-Williams
Diseño: Studio Thomson
Proceso:
Soporte de papel tipo Plike, impreso en litografía con tinta de imprenta que se parece a un texto escrito a mano y con tiza.

Soportes

Un soporte es cualquier material para imprimir o material sobre el que se aplica una imagen impresa. Puede ser desde la hoja de papel estándar hasta los cartones y papeles texturados más elaborados, e incluso productos de promoción como tazones de café, camisetas y, como veremos, el cuerpo humano.

El soporte seleccionado para un trabajo de impresión en concreto quedará determinado por su capacidad de “absorber” un diseño impreso así como los objetivos e intención de la obra de arte en general, como ilustrarán los ejemplos de esta sección. Por ejemplo, para una excelente reproducción de imagen en revistas en color se necesita un soporte distinto al utilizado en los periódicos, en los que reducir el coste es la mayor prioridad. Además de la capacidad de impresión, los soportes a menudo se seleccionan por otras propiedades que pueden ofrecer a un diseño, como un estímulo táctil.

La selección del soporte es una consideración vital al iniciar el proceso de diseño. La variedad de soportes sobre los que imprimir es ahora mucho mayor que antes, lo cual proporciona más posibilidades creativas a los diseñadores, ya que el color, el peso y la textura tienen todos su papel en la eficacia comunicativa de una publicación. Si se quiere comunicar una cierta identidad, por ejemplo, esta idea puede reforzarse a través de un uso uniforme de materiales para imprimir, lo cual genera un elemento de individualidad.

Robert Cary-Williams (izquierda)

Studio Thomson creó esta invitación para el diseñador de moda del Reino Unido Robert Cary-Williams. El diseño está impreso en un soporte de papel tipo Plike (parecido al plástico), hecho de resina de polímero, y se ha aplicado a la superficie del papel con una estucadora. El color oscuro del soporte y su calidad táctil se combinan con la tinta de imprenta para crear la ilusión de la pizarra y la tiza. Para añadir mayor realismo, se utilizó tiza en los sobres, lo cual confirió a cada invitación diversos grados de decoloración.

Tipos de papel

Con tipos de papel nos referimos a cualquier material para imprimir o soporte que se pueda imprimir con uno de los procesos de impresión convencionales.

Tipo de papel	Características	Usos principales
Papel prensa	Papel hecho principalmente con pulpa de madera prensada mecánicamente, con una vida más corta que otros papeles, de producción económica. Es el papel más barato que puede soportar los procesos de impresión normales.	Periódicos y cómics.
Antiguo	Tiene el acabado menos elaborado que se le puede dar al papel para *offset.*	Para dar textura a publicaciones como informes anuales.
Offset	La categoría con mayores aplicaciones para imprimir y escribir, incluidas toda la papelería de oficina e impresión comercial en *offset*.	Papel de oficina (para impresoras, fotocopiadoras y usos de papelería).
Pasta mecànica	Obtenido de la pulpa de madera. Contiene ligninas ácidas. Apto para aplicaciones de vida corta, puesto que amarillea y se decolora.	Periódicos y guías.
Cartulina	Cartón mate.	Soporte de cubiertas.
Arte	Papel de alta calidad con una carga de yeso o caolín para obtener una buena superficie de impresión, especialmente para los bitonos, en los que es importante la definición y el detalle. Tiene un gran brillo.	Impresión en color, revistas.
Satinado	Papel barnizado, con un acabado muy brillante que se le aplica durante el prensado con un tambor de metal caliente y pulido.	Impresión en color de alta calidad.
Cromo	Papel con cobertura impermeable por un lado para obtener buenos resultados de estampado y de barnizado.	Etiquetas, envoltorios y cubiertas.
Papel de dibujo	Papel blanco grueso usado sobre todo para dibujos con lápiz o con tinta.	Para dar textura a publicaciones como los informes anuales.
Cartón gris	Cartón, forrado o no, hecho de papel reciclado.	Usado para material de embalaje.

Cliente: Country Casuals

Diseño: Turnbull Grey

Proceso:

Soporte aterciopelado utilizado para añadir una propiedad táctil.

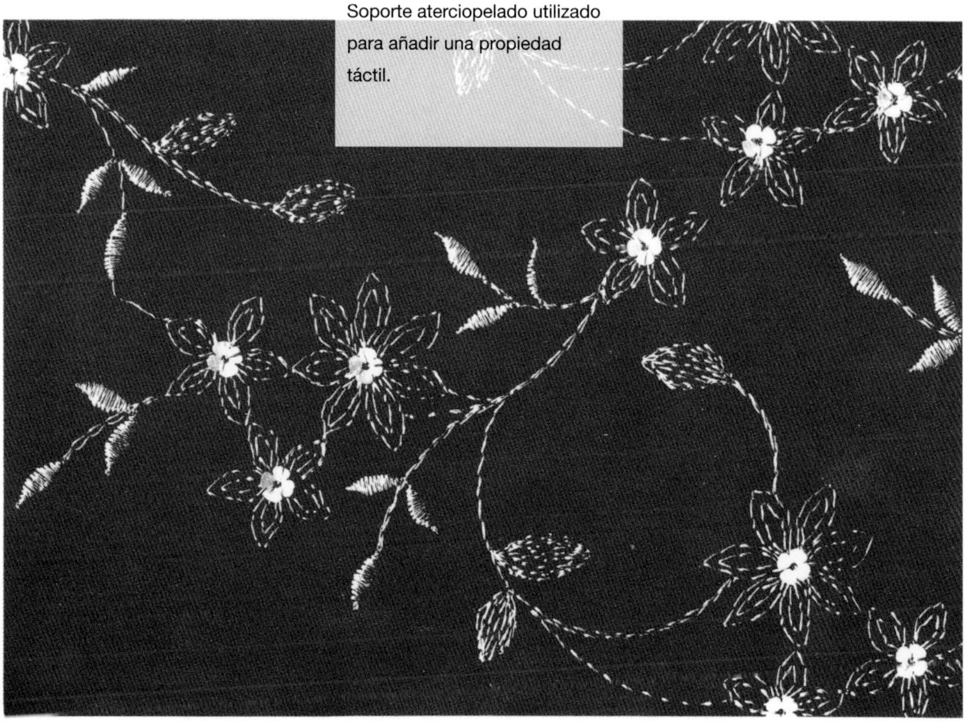

Country Casuals

Esta invitación a un espectáculo de moda de preestreno fue creada por el estudio de diseño Turnbull Grey para el fabricante de ropa Country Casuals. El uso del soporte aterciopelado táctil es un símil visual de un trozo de tela, y refuerza la naturaleza del evento que se está anunciando.

Papel aterciopelado

Papel especial para cubiertas obtenido esparciendo sobre toda o parte de la superficie un polvo de borra teñido (pelusa de lana muy fina o polvo de fibras vegetales). En principio se usaba para imitar tela de tapicería o brocados aterciopelados italianos. Hoy en día, se utiliza para dar un toque decorativo, delicado y lujoso a los diseños. Estas fibras suelen ser absorbentes y por lo tanto no son una buena superficie para imprimir con el *offset* convencional, pero las tintas más viscosas pueden utilizarse sin problema alguno. Gracias a la naturaleza relativamente robusta del soporte aterciopelado, se puede utilizar tanto para el relieve como para la impresión por calor.

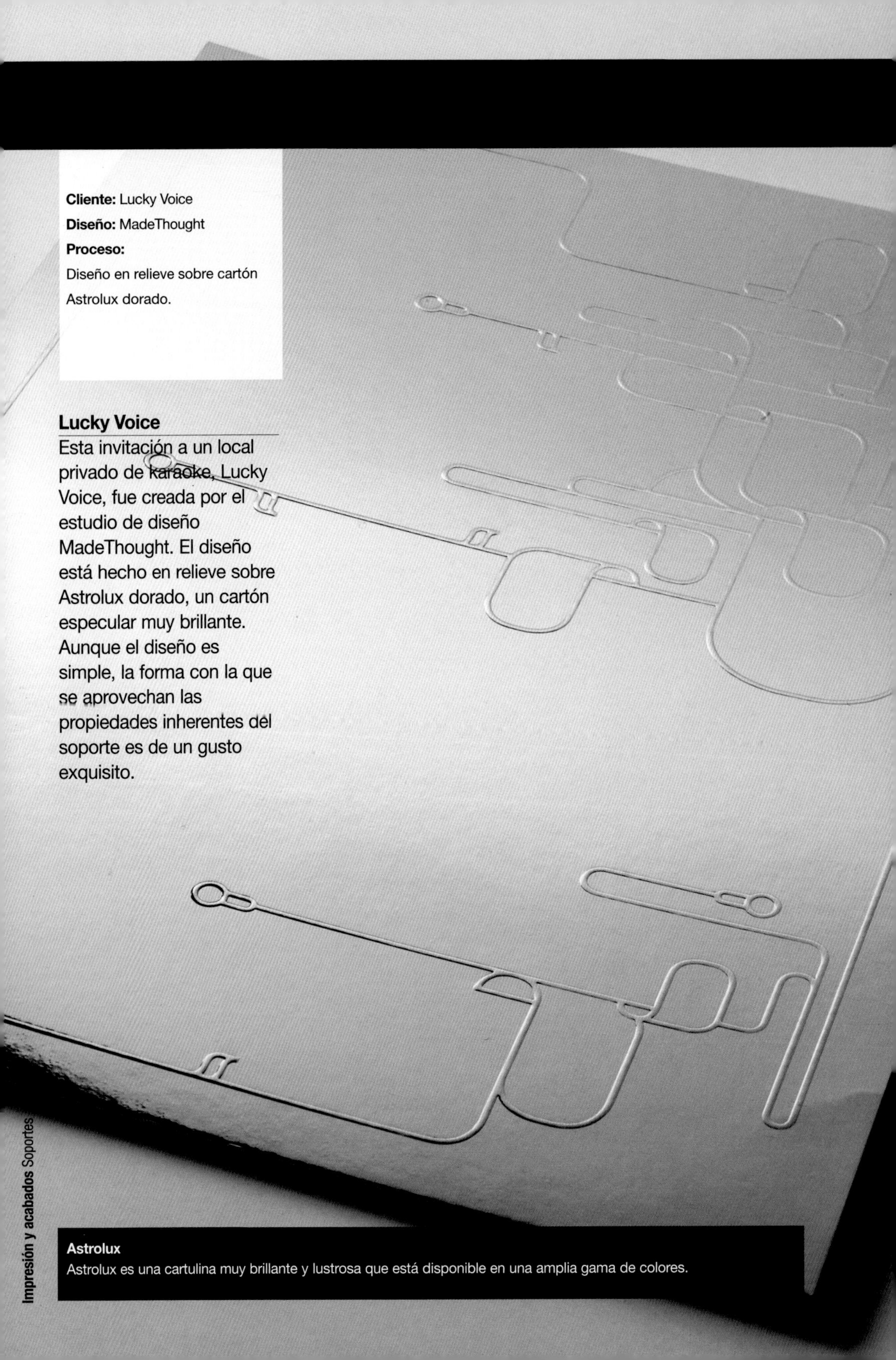

Cliente: Lucky Voice

Diseño: MadeThought

Proceso:

Diseño en relieve sobre cartón Astrolux dorado.

Lucky Voice

Esta invitación a un local privado de karaoke, Lucky Voice, fue creada por el estudio de diseño MadeThought. El diseño está hecho en relieve sobre Astrolux dorado, un cartón especular muy brillante. Aunque el diseño es simple, la forma con la que se aprovechan las propiedades inherentes del soporte es de un gusto exquisito.

Astrolux

Astrolux es una cartulina muy brillante y lustrosa que está disponible en una amplia gama de colores.

The George Hotel & Brasserie

Gavin Ambrose creó estas cartas de menú para The George Hotel & Brasserie. El diseño se imprime sobre un soporte *offset* para que las cartas de menú puedan sobreimprimirse con las distintas opciones de los menús del día utilizando el equipo de impresión del hotel. Esta solución satisface los requisitos prácticos del hotel de ofrecer un menú diario diferente imprimiendo las cartas según demanda, y también permite que el hotel presente a sus huéspedes un menú de aspecto profesional que comunica la frescura diaria asegurada de sus alimentos. El soporte *offset* tiene más poro, lo cual suaviza las imágenes de las cartas al imprimirse.

Cliente: The George Hotel & Brasserie
Diseño: Gavin Ambrose
Proceso:
Soporte *offset* para sobreimprimir según demanda.

Sobreimprimir
Una técnica en la que un elemento de un diseño se imprime sobre otro para aportar textura y modificar los colores o el contenido de un diseño, o ambas cosas.

Cliente: Squire and Partners
Diseño: Thomas Manss & Company
Proceso:
Soporte de madera aglomerada con unos acabados finales que reflejan la arquitectura.

Squire and Partners (arriba)

Thomas Manss & Company creó este folleto corporativo para la empresa de arquitectura londinense Squire and Partners. Más que presentar el trabajo en el típico documento corporativo, que inevitablemente tiene un tiempo de durabilidad limitado, los diseñadores optaron por una presentación más suntuosa de los proyectos y diseños arquitectónicos de la empresa. La cubierta es un tablero de partículas que presenta una sencilla impresión por calor que refleja las líneas nítidas y modernas de la marca comercial de la empresa así como la atención que presta al detalle. La cubierta tiene un aspecto monolítico, que recuerda a un bloque de piedra grabada, lo cual confiere un toque de permanencia y calidad.

d-raw Associates (derecha)

Esta tarjeta de visita fue creada para los diseñadores de interiores d-raw Associates por el estudio de diseño MadeThought. Presenta una tipografía plateada estampada en caliente sobre un cartón gris de color claro, lo cual tiene como resultado un efecto minimalista, sutil y de tonos superpuestos. Las fibras ásperas del material para imprimir contrastan con la precisión conseguida con el proceso de estampación en caliente.

Cliente: d-raw

Diseño: MadeThought

Proceso:

Estampación en caliente de color plata sobre cartón gris para obtener un efecto minimalista.

Cliente: University of the Arts, London
Diseño: Turnbull Grey
Proceso:
Cubierta translúcida y diseño duplicado para crear un efecto de *muaré*.

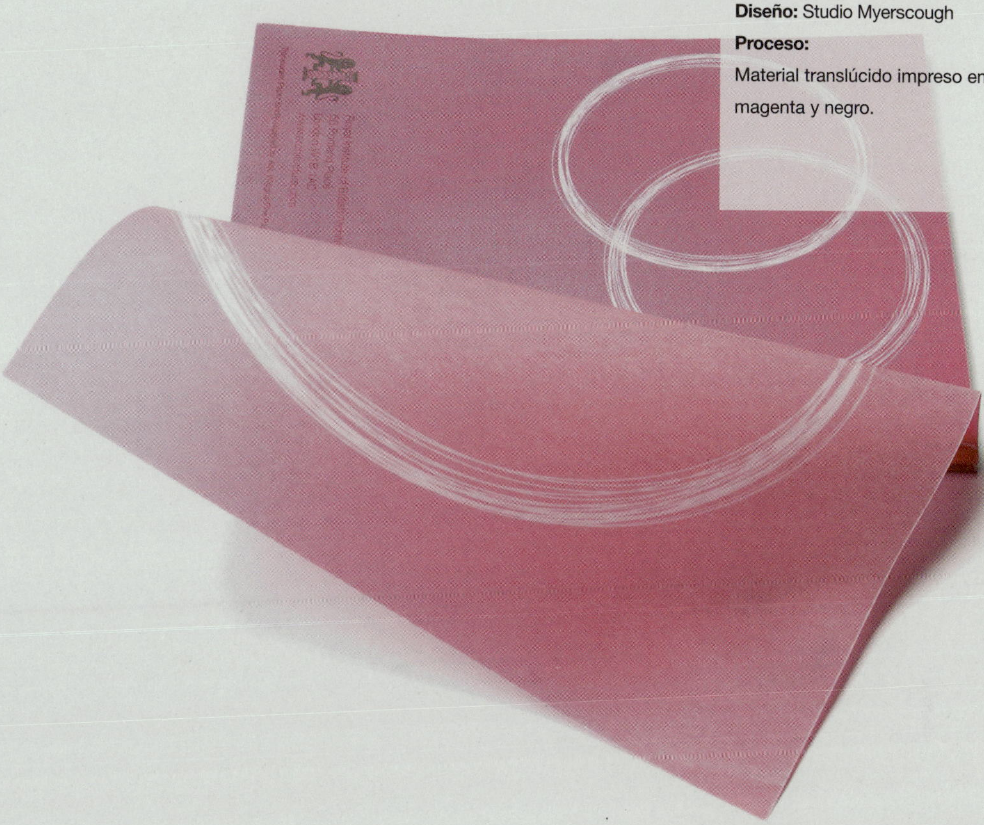

Cliente: RIBA

Diseño: Studio Myerscough

Proceso:

Material translúcido impreso en magenta y negro.

Folleto del premio Annie Spink (arriba)

Este es un folleto del premio Annie Spink a la excelencia en educación, concedido por el Royal Institute of British Architects. Studio Myerscough creó este folleto impreso en magenta y negro sobre un material translúcido, cuyo texto está sobreimpreso. El impacto general es sutil, elegante y atractivo. El folleto también presenta páginas plegadas en cruz con encuadernación cosida.

University of the Arts, London (izquierda)

Este es el programa de una ceremonia de inauguración de la University of the Arts, London, creado por el estudio de diseño Turnbull Grey. La cubierta del programa está impresa sobre un soporte translúcido que permite al lector ver el papel que hay debajo. El papel presenta el mismo diseño que la cubierta, pero está reproducido en azul con letras blancas. La combinación de los dos produce un efecto de muaré en la tipografía.

Cliente: Stadscollective
Den Haag
Diseño:
Faydherbe / De Vringer
Proceso:
Técnicas de impresión y materiales para imprimir variados.

A Decade of Difference

Este conjunto de diseños de cubiertas creado por Faydherbe / De Vringer para una colección de libros de Stadscollective Den Haag fue ofrecido como obsequio a los visitantes especiales de La Haya. Se invitó a ocho artistas diferentes para que colaboraran en los libros. Para que hubiera una cierta uniformidad, Faydherbe / De Vringer creó colages, utilizando diferentes tipos de letras para los números de cada cubierta de la serie. Los números se sobreimprimieron en dos tintas directas, que se seleccionaron específicamente para que contrastaran con los colores de cada uno de los ocho materiales para imprimir. Dos de las cubiertas (6 y 8) están hechas en relieve, las cubiertas 2, 4 y 5 están sobreimpresas, y las 1 y 3 están impresas en un color plata metálico.

Soportes poco corrientes

Casi todos los materiales pueden utilizarse como soporte para un diseño, aunque cada uno presenta sus particularidades.

Soporte	Usos	Proceso de aplicación
Metal	Señales, objetos o cubiertas de informes.	Serigrafía, transfer, dibujado / pintado a mano, troquelado.
Cerámica	Objetos.	Cerámica, dibujado / pintado a mano.
PVC	Señales, cubiertas de informes u objetos.	Serigrafía, troquelado, transfer.
Tejidos	Ropa, pancartas o cubiertas de informes.	Serigrafía, dibujado / pintado a mano.
Cuerpo humano	Eventos de promoción.	Dibujado / pintado a mano, transfer.
Madera	Señales u objetos.	Pirograbado, serigrafía, dibujado / pintado a mano.

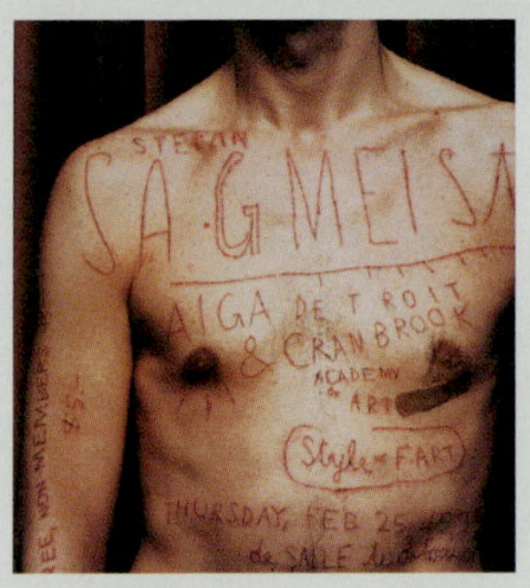

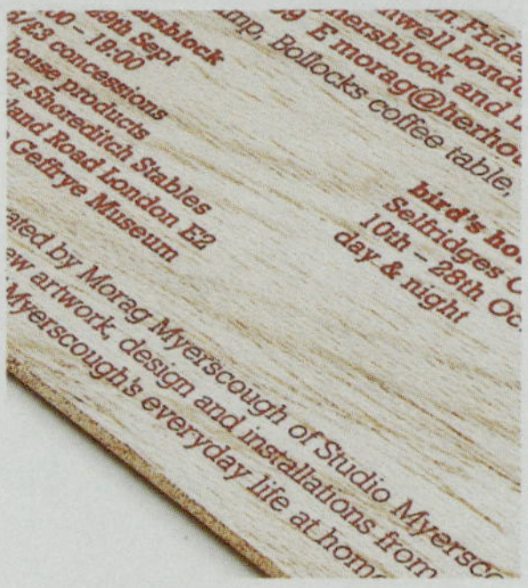

Metal
Esta invitación, creada por el estudio de diseño Howdy para un evento cuyo anfitrión era la empresa de recursos humanos Boldly Go, presenta la fecha del evento troquelada sobre un soporte de metal; la dirección y el correo electrónico de la organización también están grabados.

Cuerpo humano
El estudio de diseño de Nueva York Sagmeister Inc. creó este cartel para AIGA Detroit. Stefan Sagmeister pidió a un alumno en prácticas que recortara el diseño del cartel en su piel para comunicar el dolor que acompaña a sus proyectos de diseño. El resultado es tan profundo como impactante.

Madera
Esta invitación, creada para la galería Her House por parte de Studio Myerscough, es una serigrafía sobre un soporte de madera. El tipo de letra palo seco plano tiene una calidad firme, lo cual proporciona un resultado eficaz en combinación con la fibra áspera de la madera.

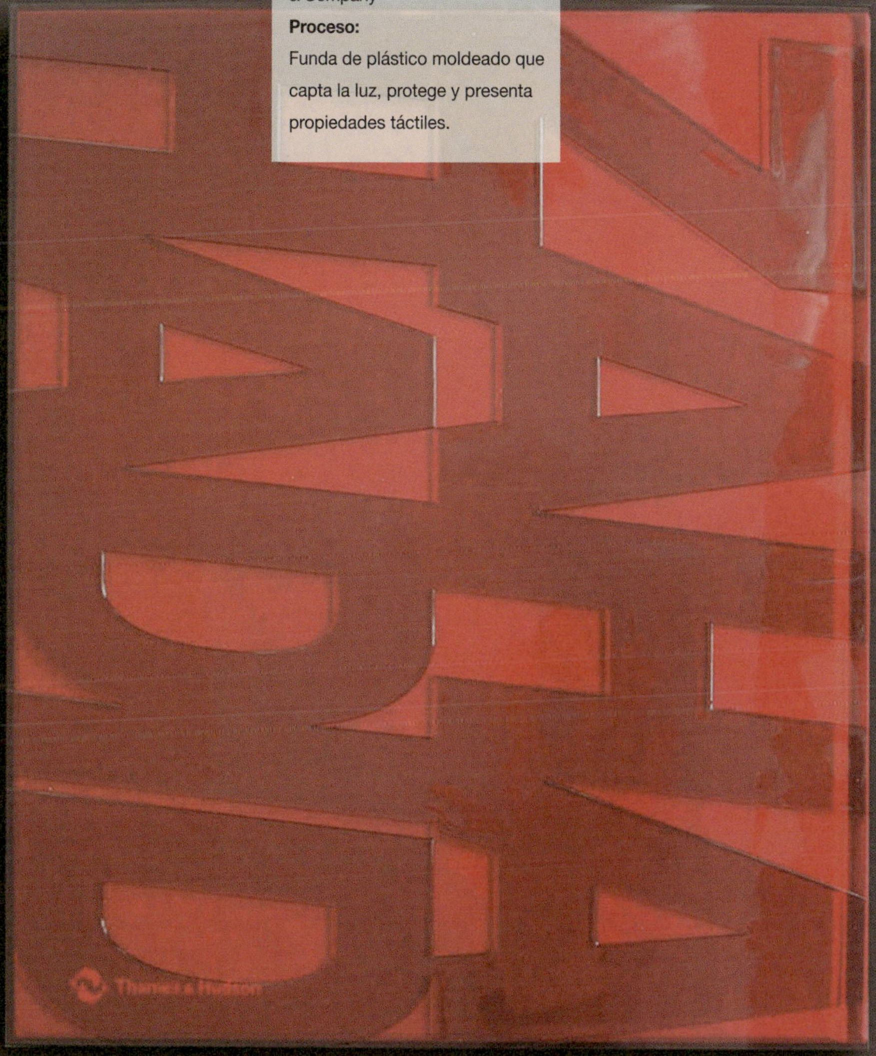

Cliente: Zaha Hadid

Diseño: Thomas Manss & Company

Proceso:
Funda de plástico moldeado que capta la luz, protege y presenta propiedades táctiles.

Zaha Hadid

Thoman Manss & Company creó esta funda de libro para la empresa de arquitectura Zaha Hadid. Su exterior de plástico moldeado es simple, pero le confiere un toque enigmático por cómo capta la luz, lo cual añade valor al diseño. El plástico transparente es tanto una capa protectora como un elemento táctil de este diseño impactante, al que aporta una simplicidad modernista.

Cliente: Staverton

Diseño: SEA Design

Proceso:

Polimetacrilato de metilo (perspex) amarillo que confiere a esta invitación un toque singular y le da peso.

Diesel (derecha)

Esta invitación fue creada para la marca de moda Diesel por el estudio de diseño George & Vera. El diseño está serigrafiado sobre polimetacrilato de metilo transparente de tono azulado, con lo cual se crea un objeto singular y poco común, muy distinto al que se hubiera conseguido si se hubiera utilizado papel para imprimir. El uso del polimetacrilato de metilo (perspex) convierte una invitación de un solo uso en algo más permanente.

Staverton (izquierda)

SEA Design creó esta invitación para la casa de muebles Staverton. Utilizando el amarillo de la identidad corporativa del cliente como componente básico, SEA Design serigrafió texto blanco sobre el soporte de polimetacrilato de metilo amarillo para crear una invitación singular y con peso. El resultado es un uso innovador del material que es muy distinto del uso corriente del papel para imprimir.

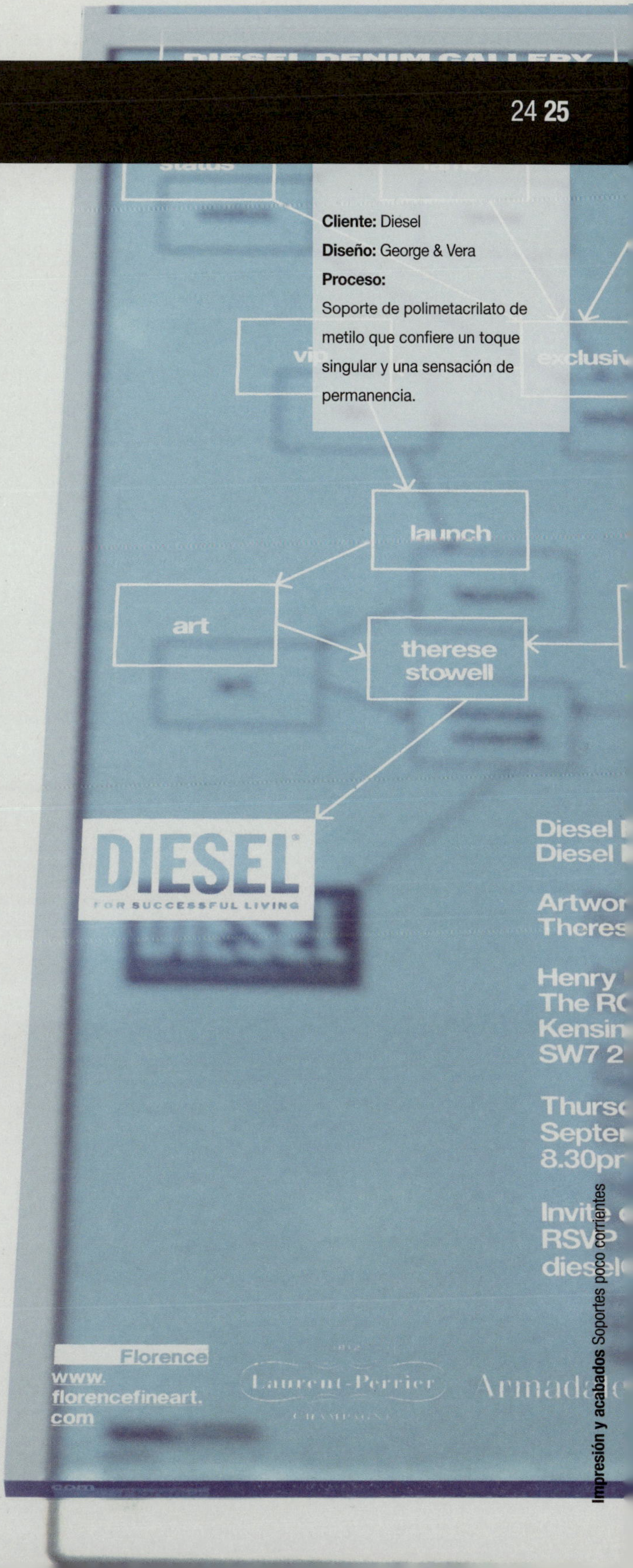

Cliente: Diesel

Diseño: George & Vera

Proceso:

Soporte de polimetacrilato de metilo que confiere un toque singular y una sensación de permanencia.

Cliente: John Rocha

Diseño: SEA Design

Proceso:
Tipografía serigrafiada sobre polimetacrilato de metilo negro (perspex).

Cut to Black (arriba)

Esta invitación para la prensa al lanzamiento de una nueva colección de John Rocha en Waterford Cristal fue creada por SEA Design. Los detalles del evento se han serigrafiado sobre una superficie simple de polimetacrilato de metilo negro, lo cual transforma la invitación en un objeto de peso e importante.

Tapestry (derecha)

Esta tarjeta fue creada por SEA Design para promover la gama de papel para imprimir inspirada en tejidos “Tapestry”, producida por la casa de papel GF Smith. La tarjeta se hizo sobre el soporte “Cotton White” de la gama y presenta un dibujo de bordado inglés digitalizado en relieve. El texto de color bronce está impreso por calor, lo cual permite que el dibujo floral del soporte se vea.

Bordado inglés
Es un estilo de tela bordada, normalmente algodón blanco, en la que se forman huecos a modo de delicados dibujos que se sobrecosen. El bordado inglés se utiliza a menudo para adornar lencería, camisas y faldas.

Cliente: GF Smith
Diseño: SEA Design
Proceso:
Soporte de cartón con un dibujo de bordado inglés en relieve y un texto impreso por calor de color bronce.

Transparencia

La transparencia se produce cuando la tinta impresa a un lado de una página puede verse en el otro lado (no impreso); la transparencia normalmente depende del tipo de soporte utilizado.

El material para imprimir fino y absorbente, con poca carga o estucado, es el más susceptible de ser transparente. Algunos materiales para imprimir tienen tal grado de transparencia que las páginas posteriores también se vislumbran. La transparencia en general se considera un defecto, aunque se puede usar de forma deliberada y creativa para crear un efecto.

Memo (arriba y derecha)

Esta revista producida para la empresa de arquitectura Magyar Marsoni presenta una inserción de papel de vitela transparente que cubre la imagen inicial. La delicada naturaleza del papel de vitela añade una dimensión táctil a la publicación y a la vez permite que la imagen inicial se vislumbre detrás del texto introductorio.

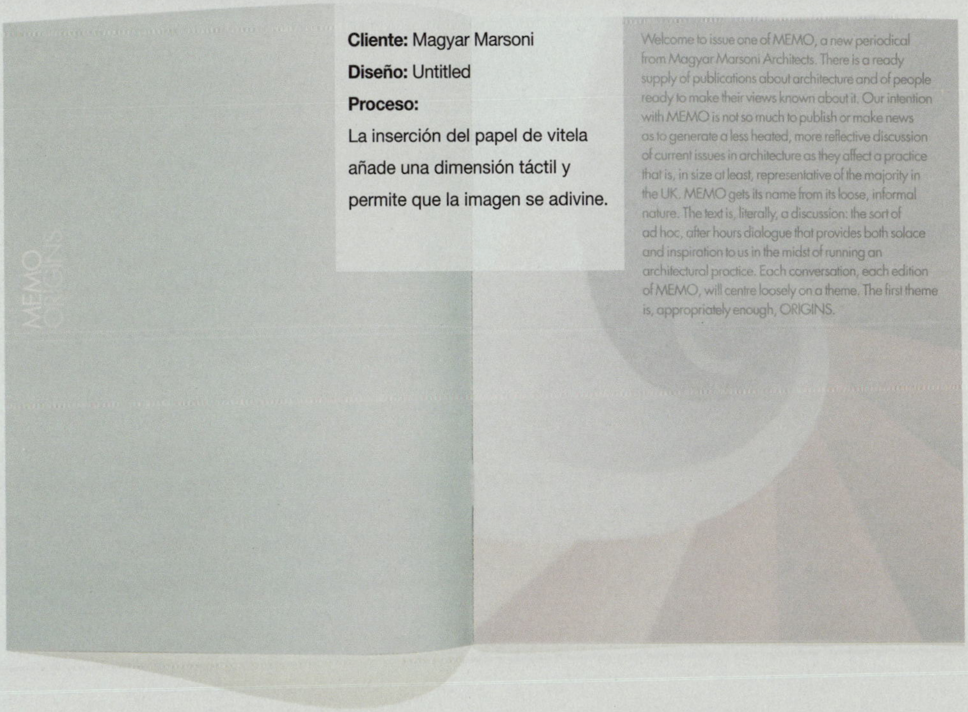

Cliente: Magyar Marsoni

Diseño: Untitled

Proceso:

La inserción del papel de vitela añade una dimensión táctil y permite que la imagen se adivine.

Cliente: Boot

Diseño: Untitled

Proceso:

El delgado papel biblia provoca un efecto de transparencia y permite la interacción entre la imagen y el texto.

Cuando se usa intencionadamente, la transparencia translúcida puede crear un efecto rugoso de multicapa, ya que los diferentes elementos se añaden uno sobre otro.

Chris Boot Ltd

Este catálogo creado por Untitled para Chris Boot Ltd., una editorial de libros de fotografía contemporánea, incorpora un papel biblia liviano que permite producir un libro delgado y que se aprecie cierta transparencia entre las páginas. Las imágenes se mezclan con el texto, creando una sensación de luz y rugosidad.

Imposición

La imposición es la disposición de las páginas de una publicación impresa, en la secuencia y posición en la que aparecerán al imprimirse, antes de cortarse, plegarse y desbarbarse.

Un plan de imposición es una guía visual con la que un diseñador puede ver fácilmente, por ejemplo, la caída de colores en un pliego o la disposición de los diferentes materiales para imprimir, como se muestra en el plan de imposición de la página siguiente.

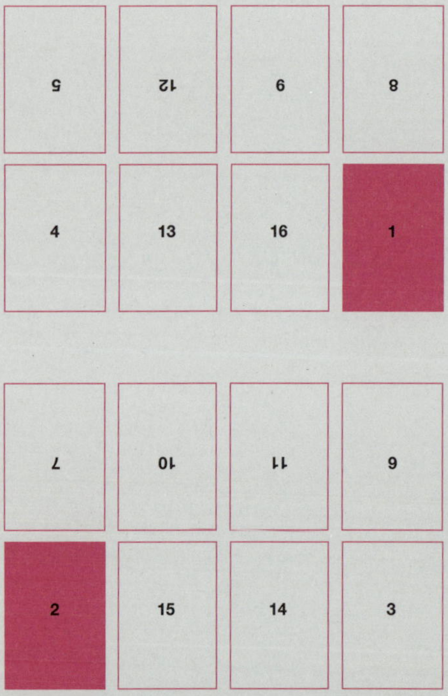

Este libro está impreso en pliegos de dieciséis páginas.

El plan de imposición (izquierda) muestra la caída de páginas en una hoja. La hoja se imprime a ambos lados y luego se pliega y se corta para producir un pliegue de dieciséis páginas. Como cada lado de la hoja se imprime con una pasada distinta, se puede utilizar una tinta especial diferente en cada lado. Sin embargo, sólo se podrá aplicar una tinta especial en las ocho páginas que estén al mismo lado de la hoja, ya sea las páginas 1, 4, 5, 8, 9, 12, 13 y 16 o las páginas 2, 3, 6, 7, 10, 11, 14 y 15. Al plegarse, las páginas 1 y 2 (destacadas) quedarán una detrás de la otra.

Un plan de imposición cumple varias funciones. Además de permitir que el diseñador pueda ver fácilmente dónde caen los diferentes colores y materiales, también puede mostrar cómo se pueden utilizar de la manera más eficaz. Por ejemplo, si el presupuesto permite el uso de una tinta especial en una página, el plan de imposición puede mostrar todas las páginas de un pliego que también podrían imprimirse con la tinta especial sin tener que pagar más por ello y realzando así el diseño.

Pasada de impresión
Una pasada es un término utilizado para describir el movimiento de una hoja que pasa por una prensa de imprimir. El material pasa literalmente por la prensa.
Tinta especial
Una tinta especial es la que está especialmente mezclada para conseguir un tono específico.

Este libro está impreso y encuadernado en pliegos de dieciséis páginas. Así pues, existen ocho páginas a cada lado de la hoja.

1 2 3 4 5 6 7 8 9 10 11 12 13 14 15 16	**Papel:** Estucado arte brillante **Impresión:** CMYK
17 18 19 20 21 22 23 24 25 26 27 28 29 30 31 32	**Papel:** Papel de color gris **Impresión:** CMYK
33 34 35 36 37 38 39 40 41 42 43 44 45 46 47 48	**Papel:** Estucado arte brillante **Impresión:** CMYK
49 50 51 52 53 54 55 56 57 58 59 60 61 62 63 64	**Papel:** Papel de color de ante **Impresión:** CMYK
65 66 67 68 69 70 71 72 73 74 75 76 77 78 79 80	**Papel:** *Offset* **Impresión:** CMYK
81 82 83 84 85 86 87 88 89 90 91 92 93 94 95 96	**Papel:** Estucado arte mate **Impresión:** CMYK
97 98 99 100 101 102 103 104 105 106 107 108 109 110 111 112	**Papel:** Estucado arte mate **Impresión:** CMYK y Pantone 9101 en ocho páginas
113 114 115 116 117 118 119 120 121 122 123 124 125 126 127 128	**Papel:** Papel de color verde **Impresión:** CMYK, Pantone 8060 y Pantone 811 en ocho páginas
129 130 131 132 133 134 135 136 137 138 139 140 141 142 143 144	**Papel:** Papel de color verde **Impresión:** CMYK
145 146 147 148 149 150 151 152 153 154 155 156 157 158 159 160	**Papel:** Estucado arte brillante **Impresión:** CMYK
161 162 163 164 165 166 167 168 169 170 171 172 173 174 175 176	**Papel:** Papel Kraft **Impresión:** Sólo negro (K)

One Tate, four galleries
Tate Modern

Housed in the former Bankside Power Station on the south bank of the Thames, Tate Modern is Britain's national museum of international modern art. Tate Modern offers differing perspectives on contemporary art with exhibitions and displays covering the full spectrum of media, including film and photography. The vast space of the Turbine Hall is used to dramatic effect for changing commissions designed to utilise the scale, atmosphere and acoustics of the building.

1,2 — Collection display
3 — Turbine Hall

20 — 21

'I feel childlike at Tate Modern. The size, the scale… I feel awed'
— Member

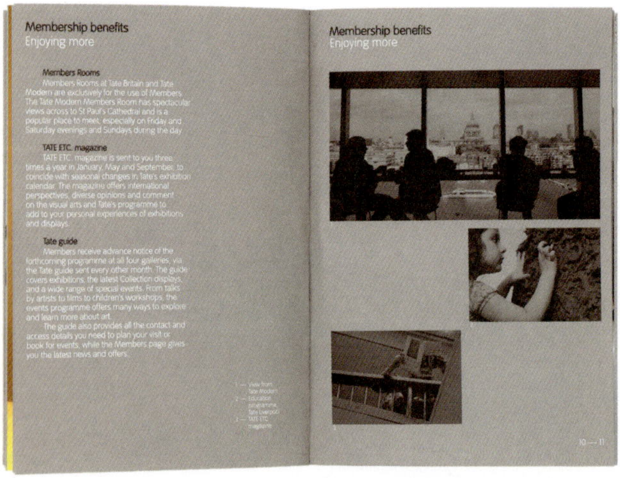

Membership benefits
Enjoying more

Members Rooms
Members Rooms at Tate Britain and Tate Modern are exclusively for the use of Members. The Tate Modern Members Room has spectacular views across to St Paul's Cathedral and is a popular place to meet, especially on Friday and Saturday evenings and Sundays during the day.

TATE ETC. magazine
TATE ETC. magazine is sent to you three times a year in January, May and September, to coincide with seasonal changes in Tate's exhibition calendar. The magazine offers international perspectives, diverse opinions and comment on the visual arts and Tate's programme to add to your personal experiences of exhibitions and displays.

Tate guide
Members receive advance notice of the forthcoming programme at all four galleries, via the Tate guide sent every other month. The guide covers exhibitions, the latest Collection displays, and a wide range of special events. From talks by artists to films to children's workshops, the events programme offers many ways to explore and learn more about art.
The guide also provides all the contact and access details you need to plan your visit or book for events, while the Members page gives you the latest news and offers.

1 — View from Tate Modern
2 — Education programme, Tate Liverpool
3 — TATE ETC. magazine

Membership benefits
Enjoying more

10 — 11

Tate Galleries

Esta es la guía de los miembros de la Tate Galleries del Reino Unido, creada por NB: Studio. Presenta secciones en color impresas sobre material blanco de alto brillo, que se encuentra entre *offset* de color. Con ello se consigue un contraste entre la calidad táctil del soporte para imprimir coloreado y el alto brillo del soporte para imprimir blanco laminado.

Cliente: Tate Galleries

Diseño: NB: Studio

Proceso:

Imposición creativa que mezcla un soporte para imprimir blanco muy brillante con *offset* de color.

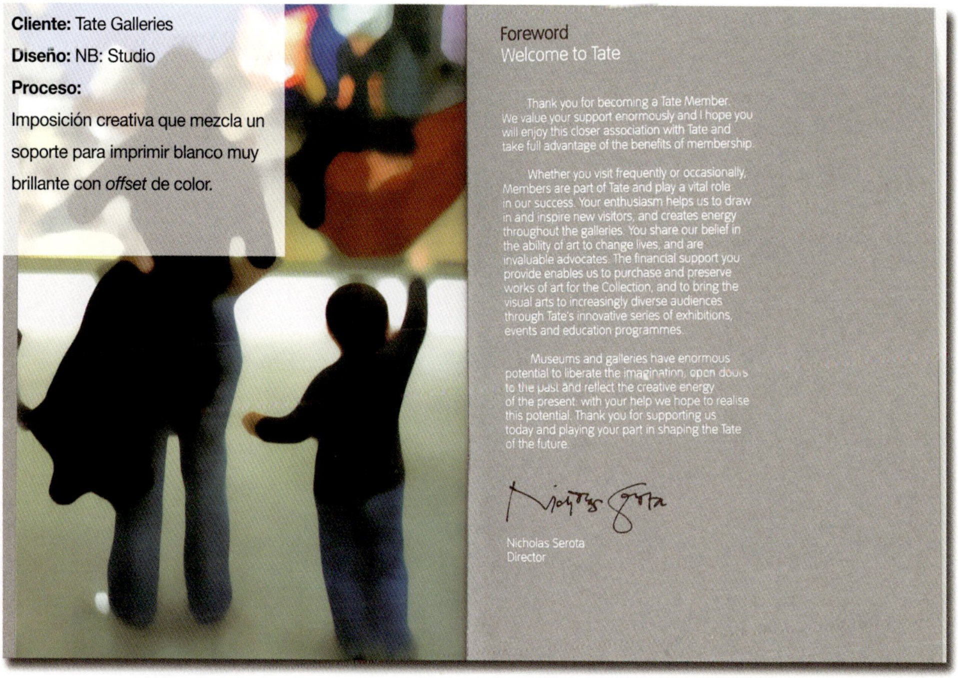

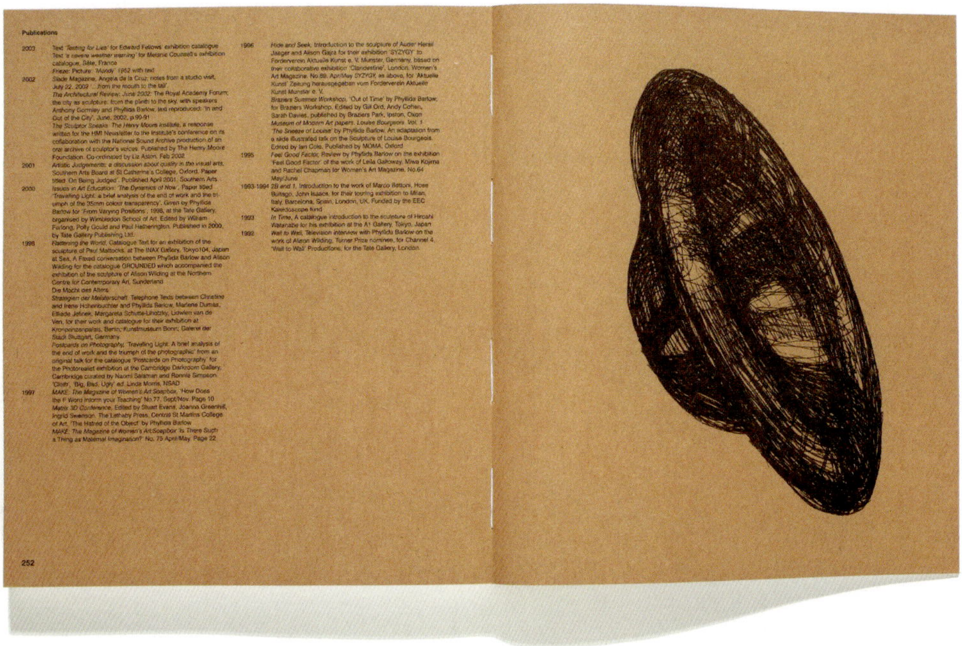

Papel biblia

Se trata de un papel delgado, fuerte y muy ligero. El papel biblia es opaco y, como sugiere su nombre, es utilizado muy amenudo para la impresión de Biblias y otros libros con un alto número de páginas.

Phyllida Barlow

Este folleto sobre la obra de la escultora Phyllida Barlow fue creado por Gavin Ambrose para Black Dog Publishing. Barlow utiliza materiales de baja categoría en su obra, incluyendo los que encuentran en los traperos. La variedad de papel para imprimir utilizado ayuda a definir las diferentes secciones de la publicación y añaden textura. El folleto utiliza papel Kraft, estucado, *offset* y papel biblia.

Cliente: Black Dog Publishing

Diseño: Gavin Ambrose

Proceso: Imposición de una variedad de papeles para imprimir para añadir textura.

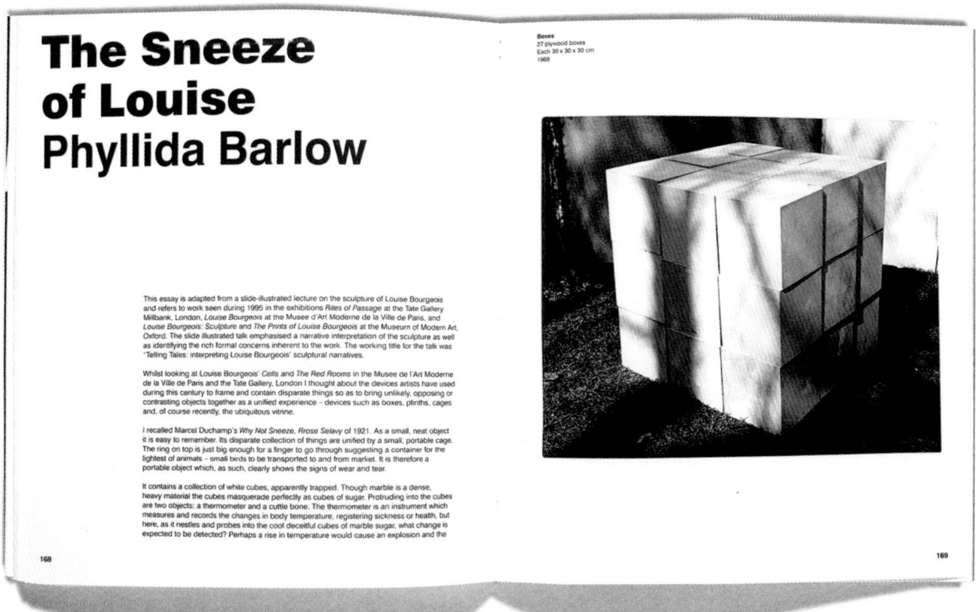

Encarte encolado y encarte suelto

Un encarte encolado es la inserción de una única página en una publicación impresa mediante el pegado con cola por el borde de contacto al margen del lomo.

Si un encarte encolado es más corto que las páginas de la publicación, deberá alinearse por el borde superior o inferior. Colocar el encarte encolado en la guillotina central puede resultar problemático ya que no hay ningún borde de página con el que alinearlo. Los grabados de bellas artes a veces se imprimen en huecograbado y se encartan. Los encartes encolados no deberían confundirse con las inserciones, que son elementos sueltos que se colocan en una publicación.

Encarte
Encartar implica contracolar un elemento más pequeño, como una ilustración o una hoja de respuesta, a una publicación, como se puede observar en el ejemplo de la página siguiente.

Encarte encolado con poco retorno

Encarte encolado, alineado por el borde superior

Encarte encolado a todo el ancho

Encarte encolado, alineado por el borde inferior

Encarte o grabado

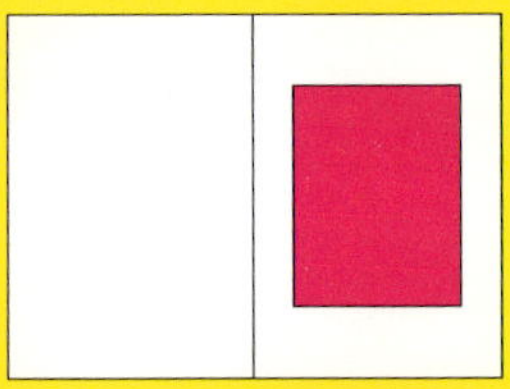

A sangre

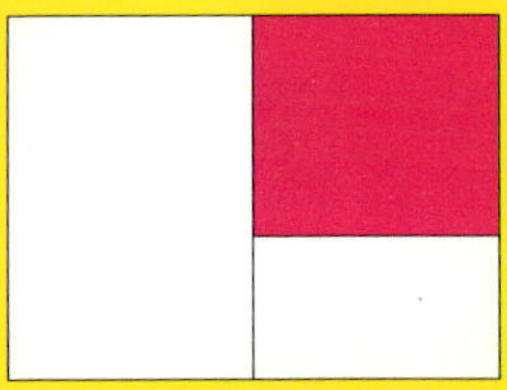

Gagosian Gallery

Esto es *Six Paints and a Sculpture (Seis cuadros y una escultura)*, un libro que celebra la obra de Cy Twombly. Fue creado por Bruce Mau Design para la Gagosian Gallery de Nueva York. El libro presenta planchas coloreadas encartadas. Cada plancha se produjo por separado y luego se colocó en el libro.

Cliente: Gagosian Gallery

Diseño: Bruce Mau Design

Proceso:

Planchas coloreadas encartadas.

Huecograbado

Una técnica que describe la impresión de una imagen a partir de un diseño hueco que está grabado o grabado al aguafuerte en la superficie de una plancha. La tinta se coloca en los huecos debajo de la superficie de la plancha, se transfiere al material para imprimir bajo presión y se presenta en relieve sobre dicho material.

Cliente: Autograph ABP
Diseño: Untitled
Proceso:
Encartes encolados brillantes en color sobre material para imprimir negro.

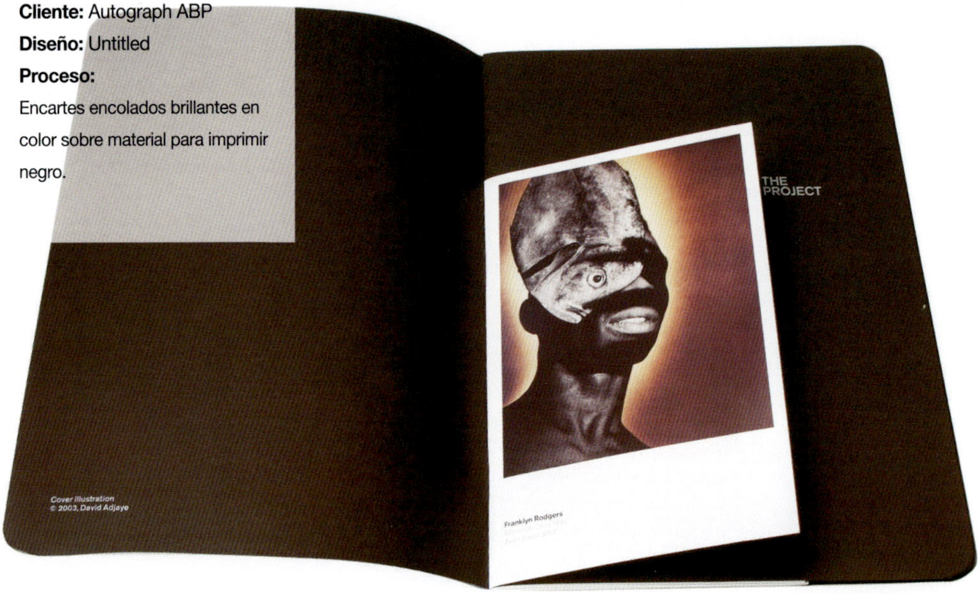

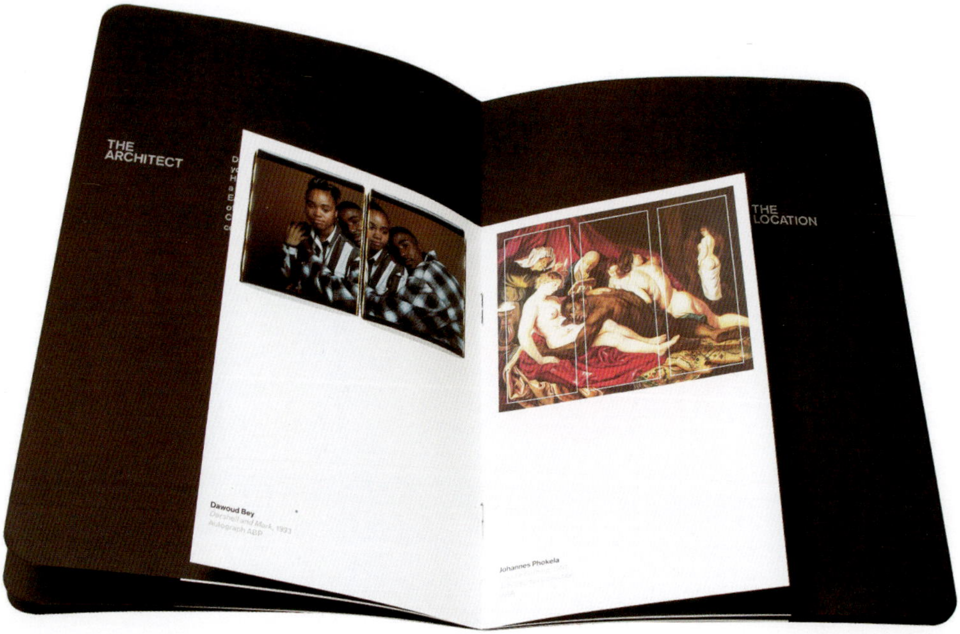

A Sense of Place

Este folleto, creado por el estudio de diseño Untitled para el proyecto *A Sense of Place* de la agencia internacional de artes fotográficas Autograph ABP, presenta páginas en negro impresas con un tipo de letra plateado. Las páginas en color brillantes se han encartado en el folleto, lo cual proporciona un contraste de materiales para imprimir y de niveles de brillo.

Cliente: Merchant

Diseño: NB: Studio

Proceso:

Encarte encolado con la página de contenidos y el impreso para devolver por correo.

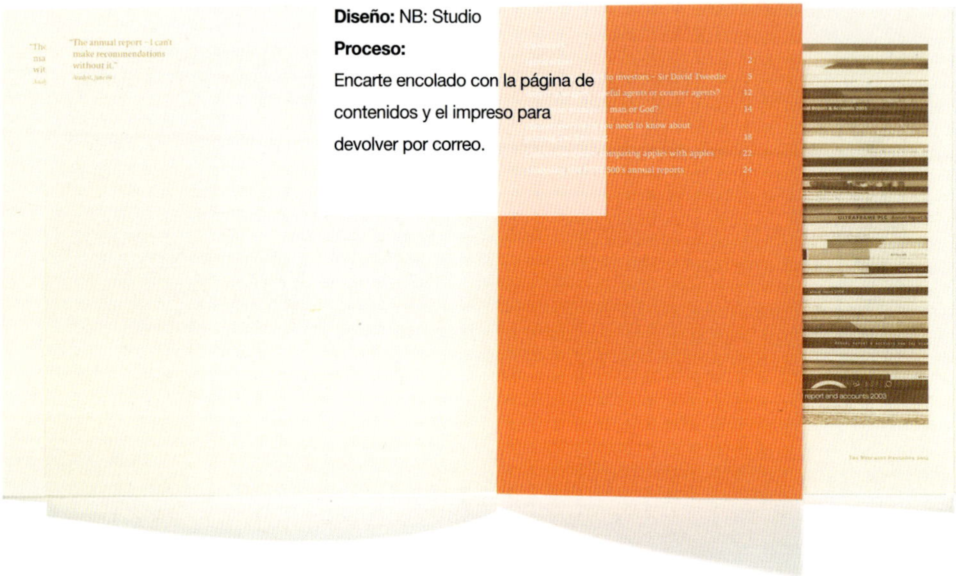

Merchant

NB: Studio creó este manual para Merchant, una compañía que redacta informes anuales para corporaciones. La página de contenidos del manual y el impreso para devolver por correo troquelado del final de la publicación están encartados. De esta forma, se pueden utilizar diferentes materiales para imprimir coloreados, que indican claramente un tipo de información diferente. Así también se ha podido imprimir el formulario para devolver por correo en un material más grueso.

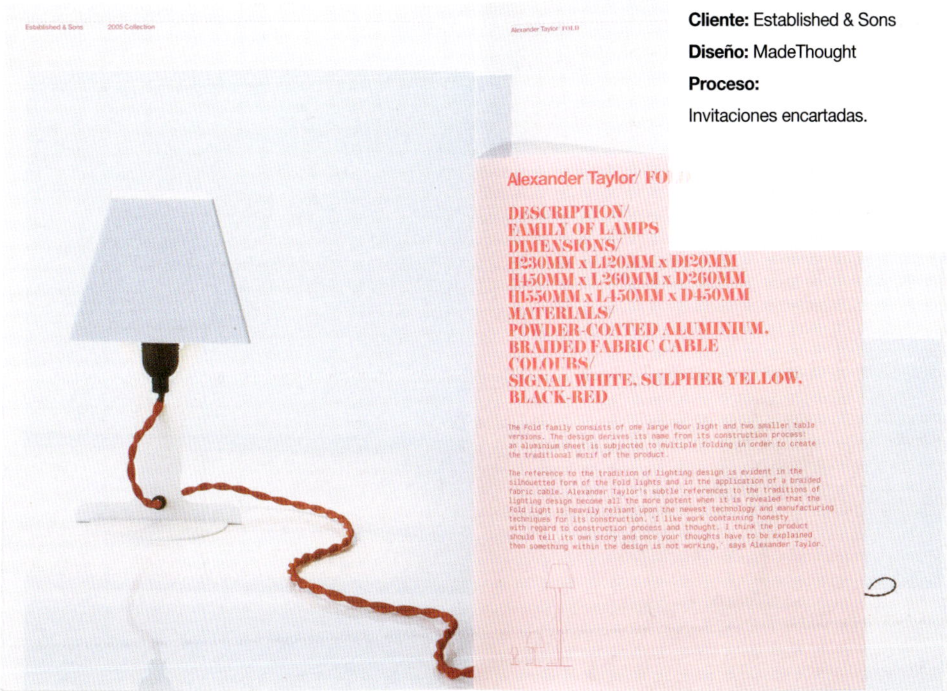

Cliente: Established & Sons

Diseño: MadeThought

Proceso:

Invitaciones encartadas.

Established & Sons

El estudio de diseño MadeThought creó este folleto para la empresa británica de diseño y fabricación Established & Sons. Las invitaciones a una exposición de su obra se encartaron entre las páginas del folleto. Ello permite que se utilicen diferentes técnicas de impresión en distintas partes. La imagen inferior muestra una impresión metálica encartada, mientras que arriba, un encarte hecho con un material para imprimir coloreado diferente refuerza la jerarquía de la información.

Contracolado

El contracolado es la unión de dos soportes para formar un único soporte. De esta forma, un material para imprimir puede tener colores, texturas y acabados diferentes a cada lado.

Con el contracolado también se aumenta el peso de un material para imprimir. Dos cartones de 270 g contracolados forman un soporte de 540 g, por ejemplo.

Anverso

Reverso

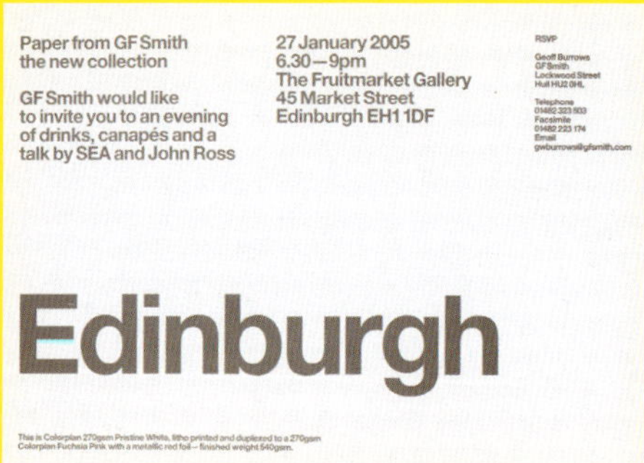

Anverso

Reverso

GF Smith

SEA Design creó estas invitaciones para el fabricante de papel GF Smith y se utilizaron soportes contracolados. La invitación que se muestra en la página siguiente está hecha con material para imprimir de color marrón nubuck con relieve plateado unido a un cartón con relieve de cuero artificial naranja. Arriba se observa un material para imprimir blanco prístino contracolado a un cartón rosa fucsia, y abajo otro color lavanda contracolado a uno color rosa caramelo.

Cliente: GF Smith

Diseño: SEA Design

Proceso:

Soportes contracolados para invitar y anunciar productos.

Impresión

Cliente: Self Published

Diseño: Untitled

Proceso:

Materiales para imprimir diferentes acabados con impresión por calor y barnices.

Impresión

La impresión es un término colectivo que se refiere a las diferentes técnicas utilizadas para aplicar tinta sobre un soporte o material para imprimir. Dichas técnicas incluyen: *offset*, serigrafía, huecograbado, monotipia, linotipia, impresión en linóleo, termografía, inyección de tinta e impresión láser, entre otras. Cada método tiene sus propias variables como la velocidad de impresión, la gama de colores disponible o la capacidad de impresión, además del coste. Los diferentes métodos de impresión producirán distintos acabados sobre el material para imprimir. Por ejemplo, una impresora láser en blanco y negro puede producir un folleto legible, pero no deja señal del tipo en el material para imprimir, como ocurre con la monotipia.

El proceso de impresión a menudo se pasa por alto cuando se diseña una tarea de impresión, pero el diseñador debería tener en cuenta dicho proceso para asegurarse de que optimiza el impacto visual y para poder gestionar de manera efectiva las limitaciones presupuestarias y de programación.

Esta sección subraya una serie de proyectos que se han potenciado creativamente con la gran gama de efectos de los diferentes procesos de impresión.

Untitled (izquierda)

Este conjunto de tarjetas de promoción fue creado por el estudio de diseño Untitled. Con cada tarjeta se utiliza un material para imprimir diferente y una variedad de técnicas de acabado, como impresiones por calor y barnices, para crear una serie de efectos interesantes. Cabe observar cómo reflejan la luz y llaman la atención los barnices.

Offset y CTP

El proceso de *offset* utiliza una plancha metálica tratada que transfiere un diseño a una mantilla de caucho la cual imprime el material.

El *offset* es un proceso rápido y para tirajes altos, que produce resultados nítidos constantemente. Las máquinas de imprimir *offset* con alimentación de hojas normalmente son de cuatro colores. Las máquinas de imprimir *offset* de bobina utilizan papel continuo, lo cual permite un volumen de impresión aún mayor.

Esta es una máquina de imprimir *offset* multicolor con un alimentador de hojas. Cada una de las torres grises, llamadas cuerpos, contiene un conjunto de planchas y cilindros que imprimen un color diferente sobre el soporte.

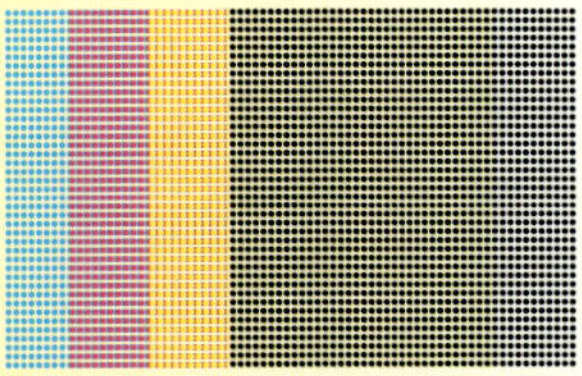

Semitonos

Se utilizan un conjunto de tramas que contienen puntos para reproducir exactamente los tonos fotográficos continuos del proceso de impresión. Una vez impresos, estos puntos proyectan la ilusión de una imagen a todo color. Si los ángulos de la trama de cada color fueran iguales, como se muestra en la ilustración de arriba, se crearía una interferencia y los colores serían confusos. Por este motivo, cada trama de color se inclina de manera diferente. Cada color que se imprime pasa por la trama para producir su propio conjunto de puntos, que se utiliza para crear la plancha de impresión de ese color.

Esta imagen de escala de grises (abajo a la izquierda) se ha impreso con una única trama de semitonos. Un bitono tiene dos tramas; la que está impresa abajo se ha realizado utilizando negro y magenta. Un tritono utiliza tres tramas, y las cuatro tramas se utilizan en la impresión a cuatro colores. La imagen de cuatricromía que se muestra abajo utiliza todas las planchas de CMYK para crear un color monotono más rico y completo.

Escala de grises

Bitono

Imagen de cuatricromía

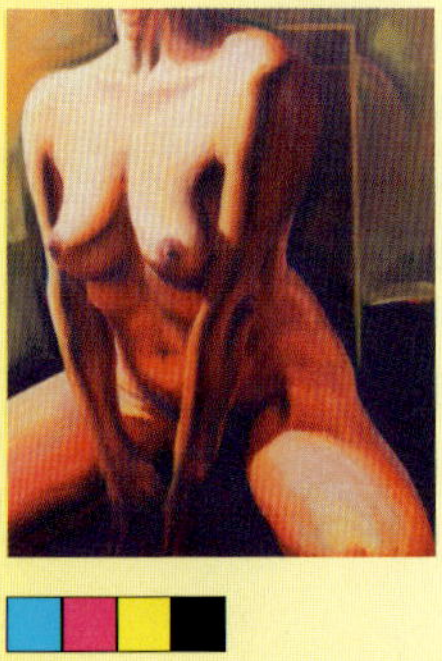

Negro para cuatricromía

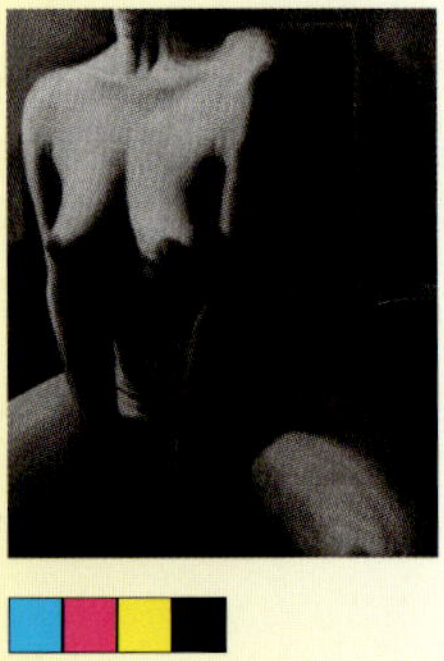

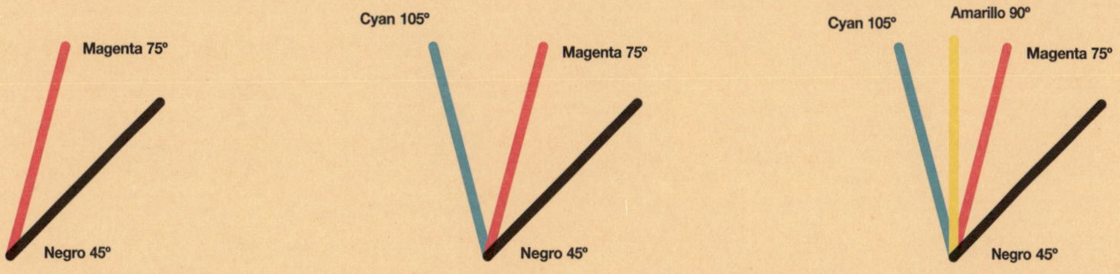

Ángulos de la trama

Cada proceso de cuatricromía tiene ángulos de trama estándar (negro 45 grados, magenta 75 grados, amarillo 90 grados y cyan 105 grados). El uso de los diferentes ángulos evita que haya interferencia de trama y que aparezca el efecto *muaré*, y consigue que los colores sean nítidos y que se pueda reproducir una imagen de cuatricromía.

Al imprimir en dos colores, por ejemplo negro y cualquier otra tinta especial, cada uno se establece en ángulos distintos. El negro se establece a 45 grados, ya que este ángulo es el menos obvio para el ojo humano y el negro es el color más fuerte, y el segundo color se establece a 75 grados. Este principio se aplica así hasta la impresión a cuatro colores y, si se añade un quinto color, se establece un ángulo de trama alternativo a los otros cuatro colores.

Muaré

El efecto *muaré* ocurre cuando interfieren los puntos de dos tramas, creando un efecto reticulado. El grupo anterior de imágenes representa tramas que se han establecido en ángulos incorrectos, lo cual crea el efecto *muaré*. La imagen de la izquierda utiliza las tramas correctamente (cyan a 105 grados y magenta a 75 grados), por eso observamos una imagen sin *muaré*.

Computer-to-plate o CTP

El CTP es un proceso que crea una plancha de impresión directamente a partir de un archivo electrónico, en lugar de hacerlo desde un fotolito. El uso del CTP crea posibilidades de impresión muy avanzadas. Como las planchas se hacen directamente a partir de los archivos electrónicos y no de las películas, se requiere un proceso menos, lo cual significa que se puede conseguir una mayor resolución. Esta transferencia también se lleva a cabo en un entorno estéril para reducir la contaminación del polvo y de los factores ambientales.

Ganancia de punto

La ganancia de punto describe la ampliación de los puntos de tinta sobre el soporte para imprimir, lo cual ocurre de forma natural cuando la tinta se absorbe en el soporte. Como consecuencia, la ganancia de punto es más pronunciada con un papel más absorbente, como el papel prensa. Los papeles para imprimir estucados tienen una cobertura de yeso o caolín que presenta una baja capacidad de absorción de tinta, con lo cual se puede obtener una reproducción de imagen clara y nítida.

Línea de la trama

Las fotografías e ilustraciones que se muestran a continuación presentan tres valores comunes de línea de trama: 60 (básica), 133 (impresión general) y 175 (impresión de alta calidad, como este libro). Los valores más bajos aportan una trama más abierta y con menos detalle, lo cual puede ser preferible según el material para imprimir que se utilice. Al imprimir sobre *offsets* más absorbentes, como la sección de papel sin pulpa de este libro (páginas 65-80), las tramas de menor valor se utilizan para que la ganancia de punto no produzca una imagen de aspecto saturado.

60 lpi (líneas por pulgada)

133 lpi (líneas por pulgada)

175 lpi (líneas por pulgada)

Matices bajos

El CTP ofrece mayores posibilidades de resolución y es capaz de reproducir matices más delicados y más sutiles que los métodos de impresión tradicionales. Normalmente, el nivel de matiz mínimo efectivo es de un 8-10 %. En las tiras superiores (C, M, Y y K) se muestra hasta qué punto se pueden conseguir los matices más sutiles con CTP. Cabe destacar que el amarillo es el color más claro y por lo tanto los matices de este color desaparecen, o no se pueden manifestar, más rápidamente que los otros colores más saturados.

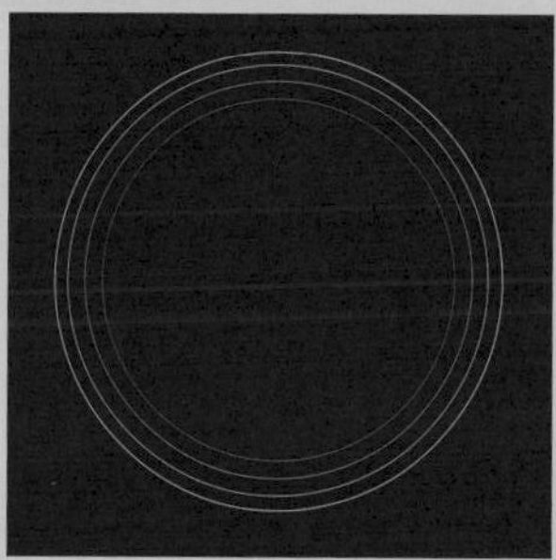

Texto en negativo

Como el CTP utiliza un método de colocación aleatoria de puntos, que coloca a cada punto donde debería ir (más que colocarlos en una coordenada X-Y), se generan líneas más regulares con resoluciones mejores y con menos bordes serrados. Sin embargo, las líneas más finas de 0,25 mm aún presentan problemas, sobre todo con el texto en negativo porque se pierden.

Si se tiene un texto en negativo, es mejor ceñirse a fuentes lineales simples y aumentar el peso de la fuente para compensar el movimiento. El espaciado de letras también tiene que aumentarse para compensarlo aún más, ya que ópticamente parece que las letras están más juntas cuando se extiende la tinta.

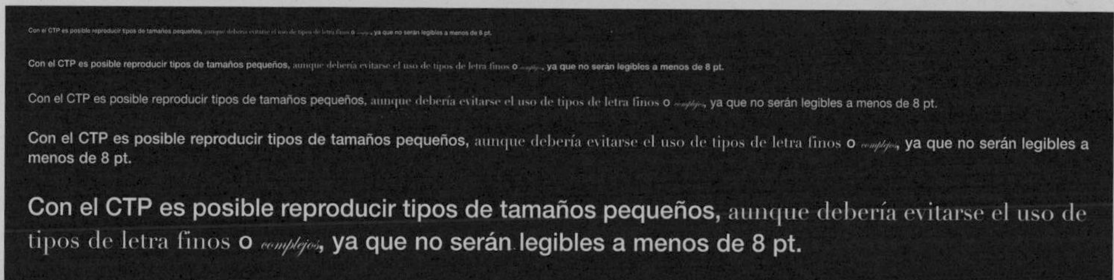

Lavado

El lavado es una técnica especial que permite que los colores más delicados se apliquen sobre un soporte.

El lavado utiliza tinta que se ha diluido mucho para producir una tinta directa que es más sutil que una tinta especial clara, como los colores pastel. El lavado se aplica preimprimiendo las hojas con una base de color de tinta diluida.

Si este color se aplicara como parte del proceso de cuatricromía, imprimiría con un punto de la trama, como se muestra a continuación. El lavado permite adoptar un enfoque sutil y sofisticado a la aplicación de color.

A no ser que se imprima con tinta directa las áreas de un solo color, como el pequeño cuadrado mostrado en la parte superior, se realizan con puntos de los colores tramados de cuatricromía.

Brick-work (derecha)

El estudio de diseño Cartlidge Levene creó *Brick-work* para los arquitectos Sergison Bates. La publicación presenta páginas encartadas de color gris. Este gris directo y sutil se ha obtenido con un lavado con tinta diluida para conseguir una base de color tenue y clara. La primera pasada de impresión proporciona una base de color sólida, y luego el material para imprimir se somete a una segunda pasada estándar.

Cliente: Sergison Bates

Diseño: Cartlidge Levene

Proceso: Lavado para conseguir una base de color clara en las secciones encartadas.

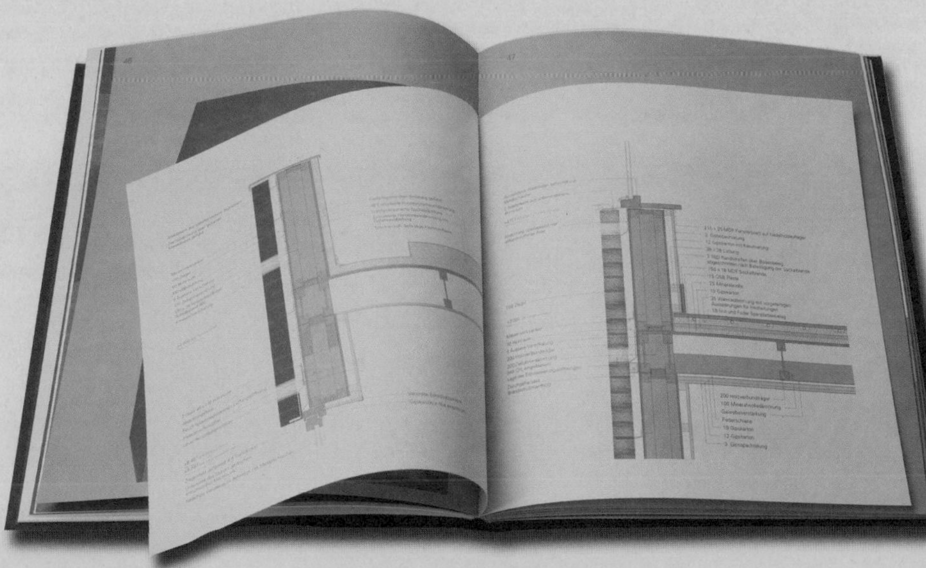

Serigrafía

En la serigrafía se coloca una imagen sobre un soporte y se presiona la tinta por la pantalla que contiene el diseño.

La serigrafía no es un método para imprimir grandes cantidades porque cada color que se aplica al soporte tiene que secarse antes utilizar el siguiente, pero es un método flexible que puede utilizarse para aplicar un diseño a casi cualquier soporte. Con la serigrafia se pueden utilizar tintas más viscosas, que pueden proporcionar una textura adicional.

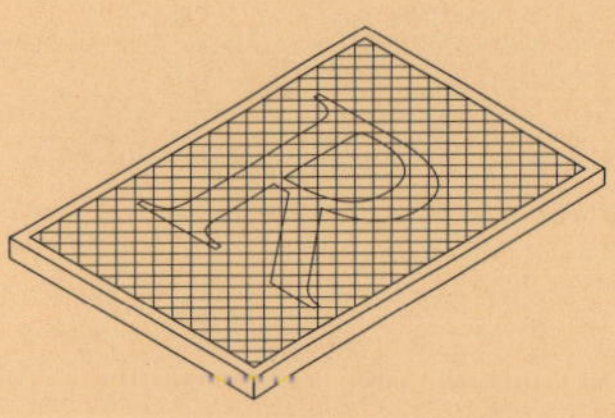

El dibujo que se tiene que reproducir está fijado a una trama, de tal manera que la tinta puede pasar por la malla de la trama en las áreas que deben imprimirse. El marco de la pantalla se coloca sobre el soporte.

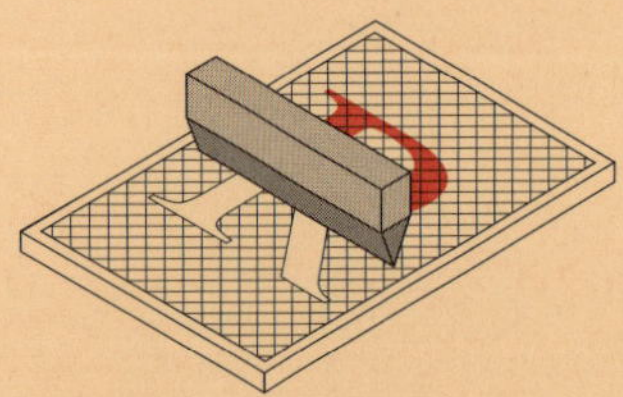

La regleta de goma se utiliza para pasar la tinta de imprenta sobre la trama, prensándola por el diseño y sobre el soporte.

La pantalla se retira con cuidado y se puede observar el diseño que se ha aplicado al soporte.

Housing Services (derecha)

Esta carpeta para la University of the Arts, Londres, fue creada por el estudio de diseño Turnbull Grey. La carpeta de cartón gris se ha serigrafiado en tres colores (rojo, amarillo y blanco). La sensación táctil y natural del cartón gris se realza con los colores intensos y sólidos, que también potencian las cualidades táctiles de la publicación.

Cliente: University of the Arts, Londres

Diseño: Turnbull Grey

Proceso: Cartón gris serigrafiado.

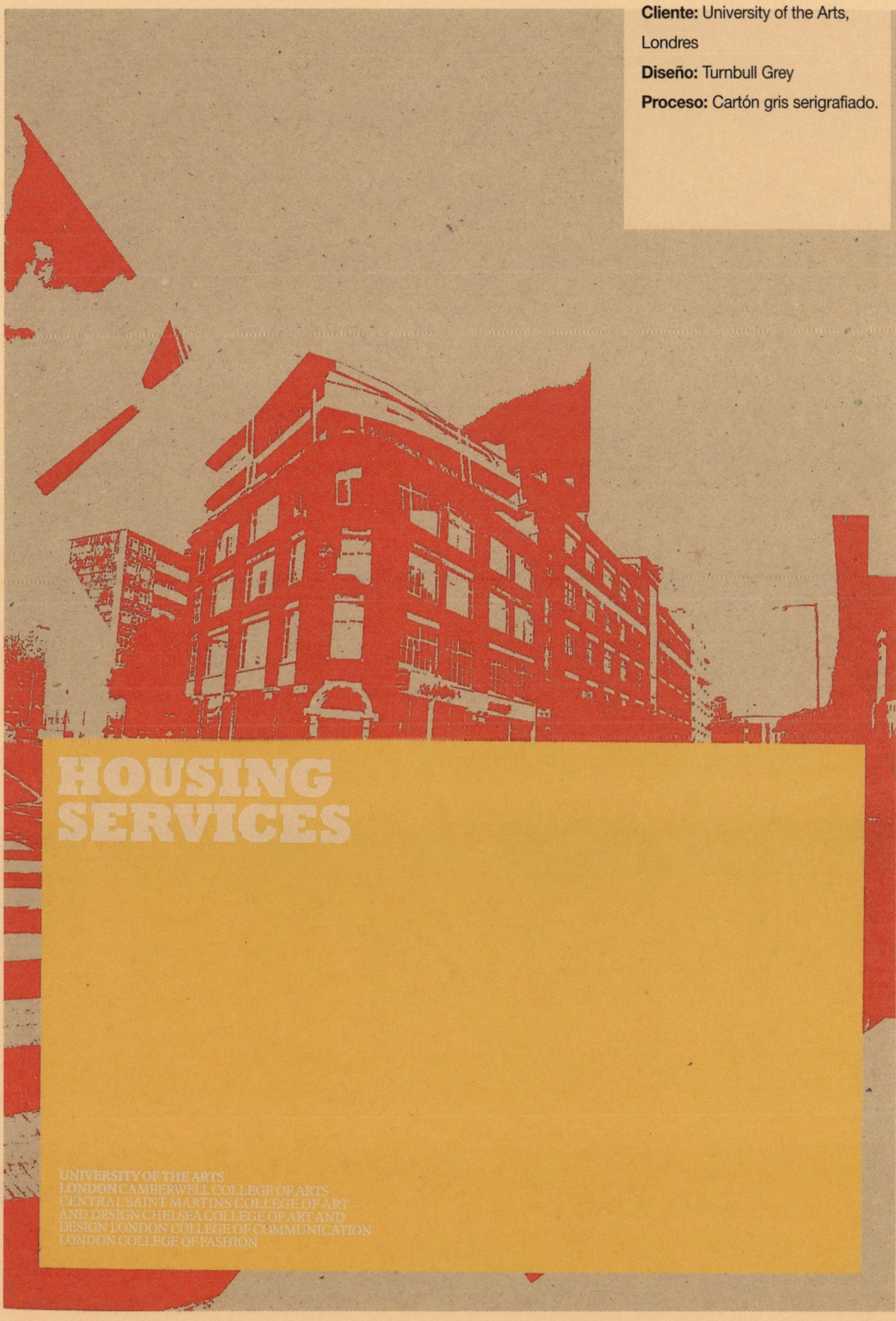

Monotipia

La monotipia es un método de impresión tipográfica mediante la cual una superficie en relieve entintada se prensa sobre el soporte.

La monotipia fue la primera forma de impresión comercial, y mucha de la terminología sobre impresión procede de esta técnica. La superficie en relieve que hace la impresión está compuesta, normalmente, de piezas, los tipos, pero también se pueden utilizar planchas fotograbadas. A menudo la monotipia se identifica por la ligera marca producida en el soporte.

Una selección de caracteres tipográficos hechos de madera.

Un defecto de la monotipia es que la impresión a partir de la superficie en relieve varía cada vez que se prensa sobre el soporte, lo cual confiere a los caracteres una singularidad, puesto que cada uno es sutilmente diferente y atrae a los diseñadores. Este defecto es muy popular, hasta el punto de que se crean diseños originales en monotipia impresa y luego el resultado se escanea y reproduce en *offset* para producir múltiples copias.

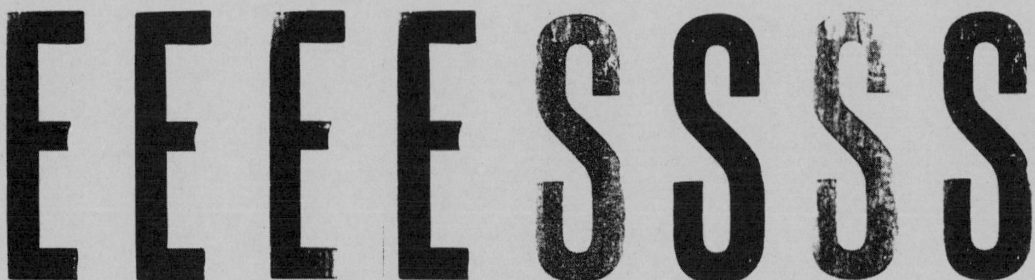

Estos caracteres tipográficos muestran el tipo de defectos naturales que se presentan al imprimir.

Folleto de promoción (derecha)

Esta es la cubierta de un folleto de promoción del estudio de diseño Turnbull Grey, que está impresa en un tipo de letra palo seco plano extendido en monotipia. Cada letra es distinta porque con cada carácter se ha tomado y transferido la tinta de una manera ligeramente diferente, lo cual significa que cada libro producido es único.

Cliente: Self Published

Diseño: Turnbull Grey

Proceso: Tipografía *extended* con serifa.

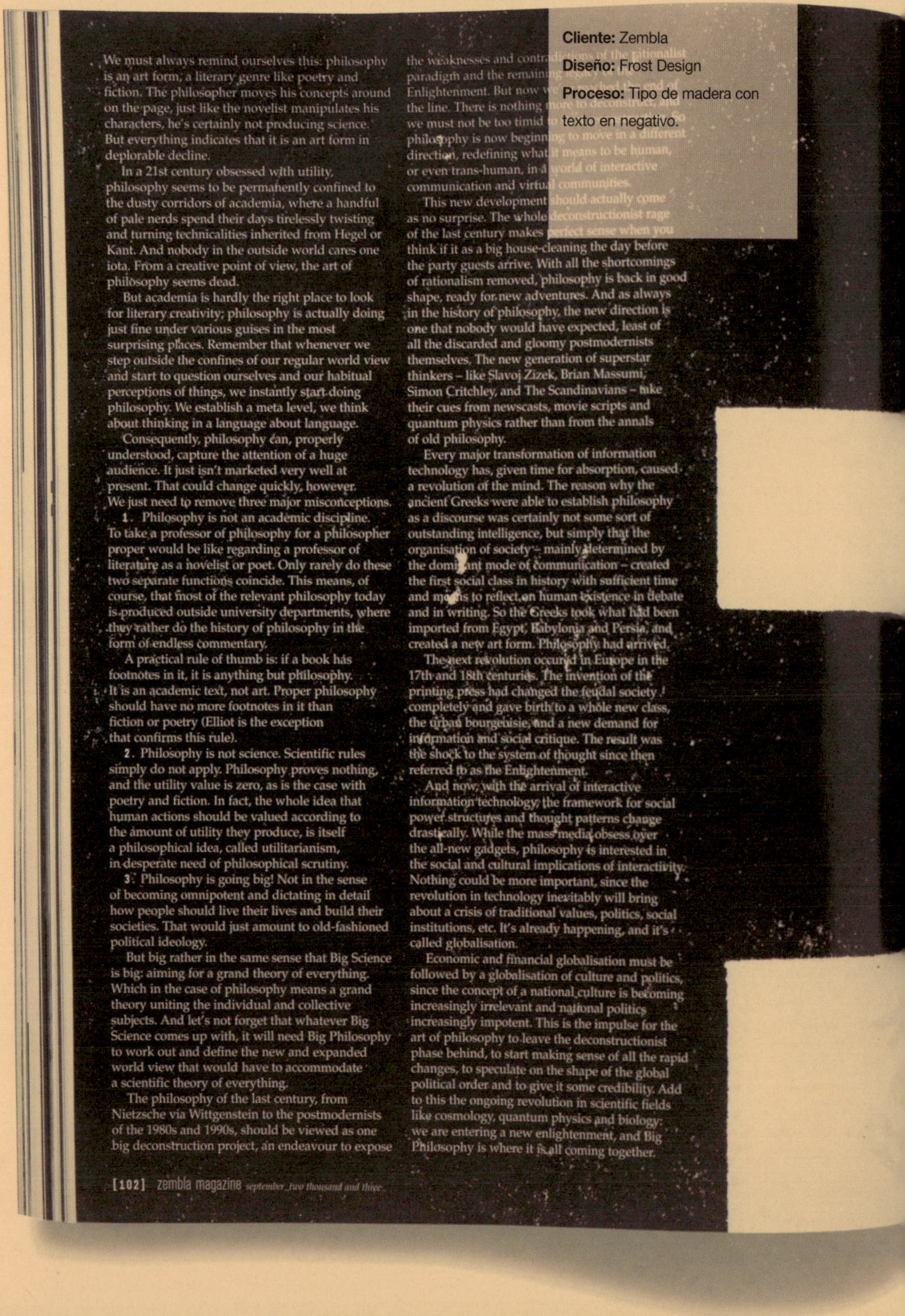

We must always remind ourselves this: philosophy is an art form, a literary genre like poetry and fiction. The philosopher moves his concepts around on the page, just like the novelist manipulates his characters, he's certainly not producing science. But everything indicates that it is an art form in deplorable decline.

In a 21st century obsessed with utility, philosophy seems to be permanently confined to the dusty corridors of academia, where a handful of pale nerds spend their days tirelessly twisting and turning technicalities inherited from Hegel or Kant. And nobody in the outside world cares one iota. From a creative point of view, the art of philosophy seems dead.

But academia is hardly the right place to look for literary creativity; philosophy is actually doing just fine under various guises in the most surprising places. Remember that whenever we step outside the confines of our regular world view and start to question ourselves and our habitual perceptions of things, we instantly start doing philosophy. We establish a meta level, we think about thinking in a language about language.

Consequently, philosophy can, properly understood, capture the attention of a huge audience. It just isn't marketed very well at present. That could change quickly, however. We just need to remove three major misconceptions.

1. Philosophy is not an academic discipline. To take a professor of philosophy for a philosopher proper would be like regarding a professor of literature as a novelist or poet. Only rarely do these two separate functions coincide. This means, of course, that most of the relevant philosophy today is produced outside university departments, where they rather do the history of philosophy in the form of endless commentary.

A practical rule of thumb is: if a book has footnotes in it, it is anything but philosophy. It is an academic text, not art. Proper philosophy should have no more footnotes in it than fiction or poetry (Elliot is the exception that confirms this rule).

2. Philosophy is not science. Scientific rules simply do not apply. Philosophy proves nothing, and the utility value is zero, as is the case with poetry and fiction. In fact, the whole idea that human actions should be valued according to the amount of utility they produce, is itself a philosophical idea, called utilitarianism, in desperate need of philosophical scrutiny.

3. Philosophy is going big! Not in the sense of becoming omnipotent and dictating in detail how people should live their lives and build their societies. That would just amount to old-fashioned political ideology.

But big rather in the same sense that Big Science is big: aiming for a grand theory of everything. Which in the case of philosophy means a grand theory uniting the individual and collective subjects. And let's not forget that whatever Big Science comes up with, it will need Big Philosophy to work out and define the new and expanded world view that would have to accommodate a scientific theory of everything.

The philosophy of the last century, from Nietzsche via Wittgenstein to the postmodernists of the 1980s and 1990s, should be viewed as one big deconstruction project, an endeavour to expose the weaknesses and contradictions of the rationalist paradigm and the remaining legacy of the Enlightenment. But now we've reached the end of the line. There is nothing more to deconstruct, and we must not be too timid [illegible] philosophy is now beginning to move in a different direction, redefining what it means to be human, or even trans-human, in a world of interactive communication and virtual communities.

This new development should actually come as no surprise. The whole deconstructionist rage of the last century makes perfect sense when you think if it as a big house-cleaning the day before the party guests arrive. With all the shortcomings of rationalism removed, philosophy is back in good shape, ready for new adventures. And as always in the history of philosophy, the new direction is one that nobody would have expected, least of all the discarded and gloomy postmodernists themselves. The new generation of superstar thinkers – like Slavoj Zizek, Brian Massumi, Simon Critchley, and The Scandinavians – take their cues from newscasts, movie scripts and quantum physics rather than from the annals of old philosophy.

Every major transformation of information technology has, given time for absorption, caused a revolution of the mind. The reason why the ancient Greeks were able to establish philosophy as a discourse was certainly not some sort of outstanding intelligence, but simply that the organisation of society – mainly determined by the dominant mode of communication – created the first social class in history with sufficient time and means to reflect on human existence in debate and in writing. So the Greeks took what had been imported from Egypt, Babylonia and Persia, and created a new art form. Philosophy had arrived.

The next revolution occured in Europe in the 17th and 18th centuries. The invention of the printing press had changed the feudal society completely and gave birth to a whole new class, the urban bourgeoisie, and a new demand for information and social critique. The result was the shock to the system of thought since then referred to as the Enlightenment.

And now, with the arrival of interactive information technology, the framework for social power structures and thought patterns change drastically. While the mass media obsess over the all-new gadgets, philosophy is interested in the social and cultural implications of interactivity. Nothing could be more important, since the revolution in technology inevitably will bring about a crisis of traditional values, politics, social institutions, etc. It's already happening, and it's called globalisation.

Economic and financial globalisation must be followed by a globalisation of culture and politics, since the concept of a national culture is becoming increasingly irrelevant and national politics increasingly impotent. This is the impulse for the art of philosophy to leave the deconstructionist phase behind, to start making sense of all the rapid changes, to speculate on the shape of the global political order and to give it some credibility. Add to this the ongoing revolution in scientific fields like cosmology, quantum physics and biology: we are entering a new enlightenment, and Big Philosophy is where it is all coming together.

[102] zembla magazine *september_two thousand and three*

Cliente: Zembla

Diseño: Frost Design

Proceso: Tipo de madera con texto en negativo.

BIG PHILOSOPHY by Alexander Bard

Philosopher, lecturer, author, music composer, producer, pop star and Scandinavia's most successful breeders of trotting horses, Bard is clearly a man of many talents. His first book, *Netocracy*, a meta-historical treatise which argues that historical shifts are determined by major revolutions in information technology, was an international bestseller. After studying the ancient Zoroastrian religion of Iran and India for seven years, Bard became only the second Westerner to convert to Zoroastrianism in 1993.

Zembla

Esta doble página de la revista *Zembla*, creada por Frost Design, presenta un diseño que utiliza un carácter tipográfico impreso en monotipia con un carácter de madera, que luego se escaneó y se reprodujo en *offset*. Se trata de un texto en negativo, donde se observa el texto en blanco sobre un fondo de tinta negra.

Texto en negativo

El texto en negativo es un texto o imagen impreso sobre un fondo negro (o de color oscuro). El texto o imagen en blanco está "cortado" de manera eficaz sobre el color del diseño que tiene debajo.

Linotipia

La linotipia, también llamada composición en caliente, es el proceso de fundir tipos en líneas de metal fundido.

El texto se escribe en una máquina que perfora una cinta de papel, la cual controla los caracteres que funde la máquina de fundición. La linotipia permite que se produzcan grandes cantidades de tipos de manera relativamente fácil.

La linotipia es un método que utiliza caracteres de un mismo tipo, que se colocan en una línea y se imprimen. Como cada carácter es una unidad suelta, es “móvil” y por lo tanto se puede utilizar una vez tras otra.

Una pieza de un tipo móvil.

Una póliza o bandeja de caracteres o tipos móviles en un taller de imprenta. Todos los caracteres de la póliza corresponden a un tipo de letra concreto.

Tipos móviles que se han fijado en una galera para imprimir una página.

Gavin Martin Associates (derecha)

La agencia de diseño NB: Studio creó esta tarjeta para Gavin Martin Associates para anunciar un cambio de dirección. La compañía se había trasladado al Tea Building de Shoreditch, Londres. La impresión por metal en caliente se utilizó para dejar una fuerte sobreimpresión en un *offset*, lo cual estableció una relación sutil pero directa entre la impresión y la actividad comercial del cliente. Cada tarjeta se manchó individualmente con un círculo de té, en referencia a la nueva ubicación de la imprenta y para que cada tarjeta fuera única. Las tarjetas llevaban el crédito de “Printed in England using darjeeling. Brewed by NB: Studio”.

Cliente: Gavin Martin Associates

Diseño: NB: Studio

Proceso: Tipo de metal sobre papel offset con manchas de té aleatorias.

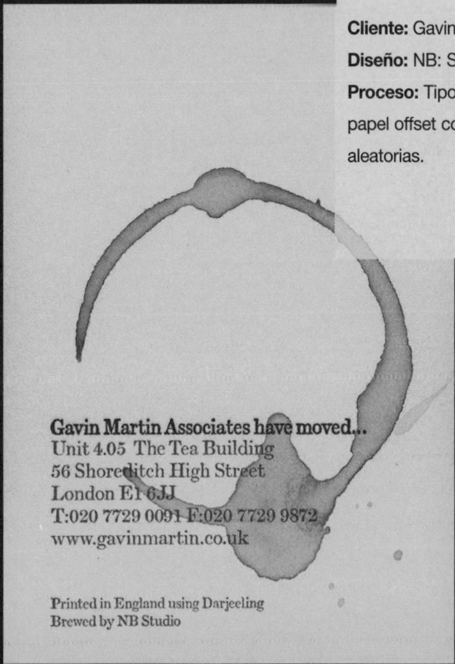

Termografía

La termografía es un proceso de acabado de impresión en línea que se utiliza para rotular en relieve sobre soportes de papel.

El polvo termográfico se sitúa sobre una hoja de papel impreso (de una prensa para impresión *offset*) mientras la tinta aún está mojada. El polvo se adhiere a la tinta mojada y se funde con ella al colocar el soporte en un horno, lo cual deja una superficie en relieve y con una textura moteada, como se ve a continuación. El proceso también se puede utilizar con monotipia.

Lisa Pritchard Agency (arriba y derecha)

SEA Design creó esta tarjeta de Navidad para la Lisa Pritchard Agency. El texto se ha impreso termográficamente para conseguir caracteres en relieve y "con burbujas" muy visibles y táctiles, y que reflejan la luz de una forma singular.

Cliente: Lisa Pritchard Agency
Diseño: SEA Design
Proceso: Impresión termográfica para conseguir caracteres en relieve y moteados.

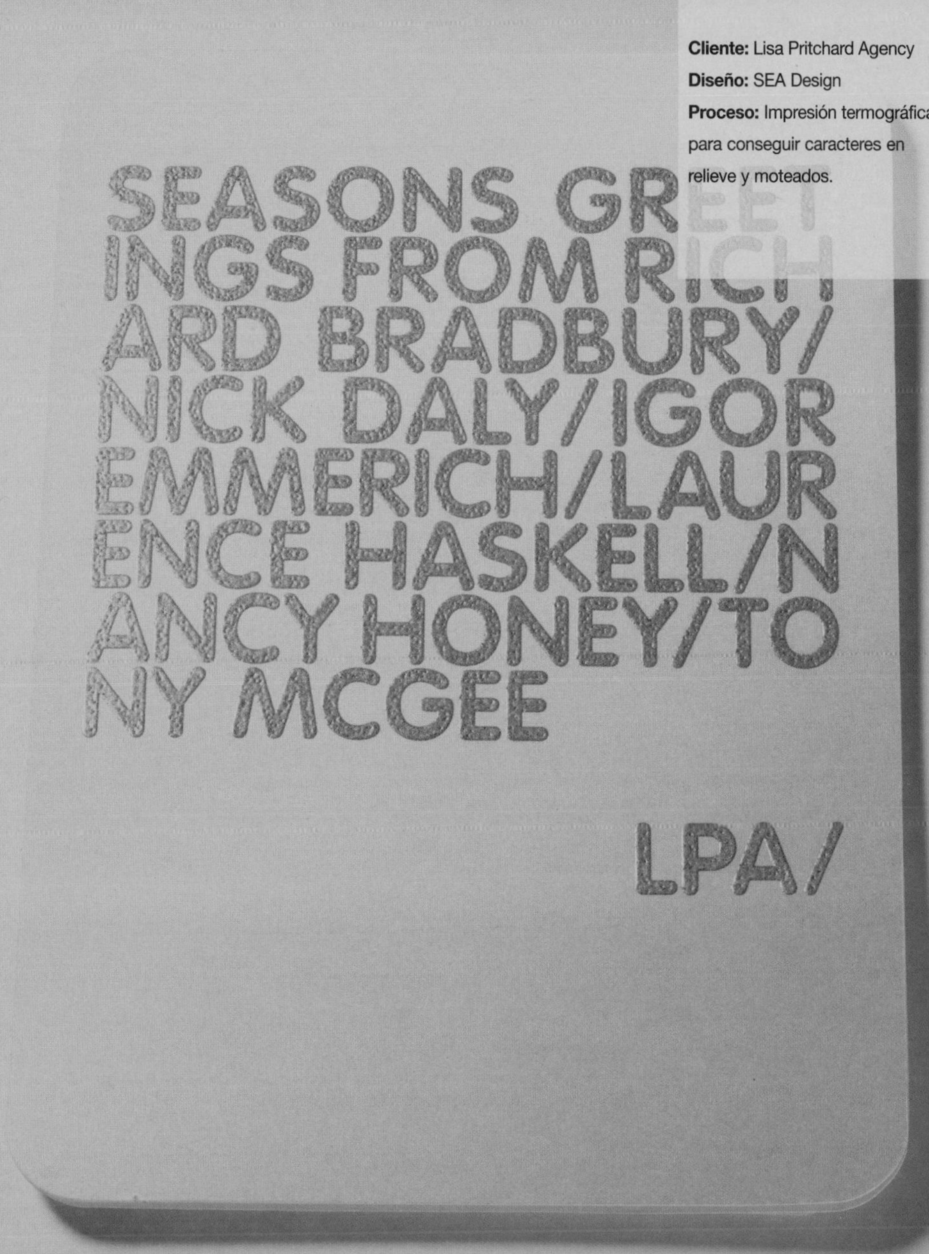

Táctil
Los diseñadores suelen seleccionar métodos de impresión que introduzcan una propiedad táctil a su diseño para que la gente pueda sentirlo además de verlo. La termografía, la serigrafía y el relieve proporcionan este elemento adicional.

Impresión en linóleo

La impresión en linóleo es un método de impresión en relieve para producir pocas cantidades en el que una imagen se corta en una pieza fina de linóleo que se entinta y se monta sobre una pieza de madera. Luego se presiona la madera sobre un soporte y se debe volver a entintar para cada impresión. El método fue utilizado por los artistas Henri Matisse y Pablo Picasso.

La imagen tallada en un soporte para imprimir en linóleo debe ser como el reverso o el reflejo en un espejo de la imagen final deseada. El linóleo es básicamente el negativo a partir del cual se imprime el positivo.

***Paw Prints* (derecha)**

Esta cubierta de un libro publicado e ilustrado llamado *Paw Prints* fue producida por el estudio de diseño Webb & Webb. Las rayas rojas de la cubierta y las ilustraciones del libro se imprimieron con el método de impresión en linóleo. La letra fue reproducida con monotipia y el soporte de la cubierta está contracolado con una combinación de cartulina y papel de guardas. Con la impresión en linóleo las impresiones son únicas cada vez debido a las variaciones del grosor de la película de tinta y de la presión de la aplicación.

Cliente: Self Published
Diseño: Webb & Webb
Proceso: Combinación de impresión en linóleo y monotipia.

Cliente: RSA

Diseño: Untitled

Proceso: El barniz negro sobre un soporte negro consigue un aspecto visual sorprendente.

Acabados

Los acabados de impresión abarcan una amplia gama de procesos que dan el toque final a un diseño cuando el soporte está impreso. Estos procesos incluyen el troquelado, el relieve, el grabado en seco, la impresión por calor, el barnizado y la serigrafía, para nombrar unos pocos, y pueden transformar una publicación de aspecto común en algo mucho más llamativo.

Los procesos de acabado pueden aportar elementos decorativos a una obra impresa, como el brillo de una impresión por calor, o propiedades relativas a la textura, como las producidas por un relieve o un grabado en seco. Las técnicas de acabado también pueden proporcionar una funcionalidad añadida a un diseño e incluso ser una parte integrante del formato de una publicación. Por ejemplo, un troquelado altera el producto físico, cambiando su forma o proporcionando una abertura a través de la cual se pueden ver otras partes de la publicación.

Aunque la aplicación de las técnicas de acabado de impresión marca el final del proceso de producción, estas técnicas no deberían considerarse al final del proceso sino una parte integral del diseño, que debe tenerse en cuenta en la fase de planificación.

Art for Arquitecture (izquierda)

Esta es una invitación creada por el estudio de diseño Untitled para el evento anual de Art for Arquitecture, cuyo anfitrión es la Royal Society of Arts del Reino Unido. La invitación presenta un barniz negro aplicado con un dibujo de semitonos sobre un soporte negro, lo cual produce un resultado muy llamativo y sorprendente.

Barnices

Un barniz es una tinta incolora que se suele aplicar a una obra impresa para proteger el soporte de rasguños, desgaste o manchas. El barniz también puede utilizarse para realzar el aspecto visual de un diseño o los elementos que presenta. El barniz puede producir tres acabados (brillante, mate y satinado) y, aunque no es un barniz estrictamente hablando, el barniz UV también puede utilizarse para aportar un toque decorativo a los diseños.

Si se aplica un barniz, se aumenta la absorción del color y se acelera el proceso de secado. Al "encerrar" la tinta de imprenta bajo una capa protectora, el barniz evita que la tinta se borre cuando se maneja el soporte.

El barniz puede aplicarse en línea, lo cual significa que se trata como un color adicional durante el proceso de impresión. Se aplica una capa mojada de barniz sobre una capa mojada de tinta y ambas se absorben en el soporte para imprimir al secarse, lo cual reduce el impacto visual del barniz. Un barniz en seco o fuera de línea se aplica cuando las tintas de imprenta se han secado y por lo tanto el soporte para imprimir lo absorbe menos. El barniz responde mejor en soportes estucados porque el material para imprimir lo absorbe menos.

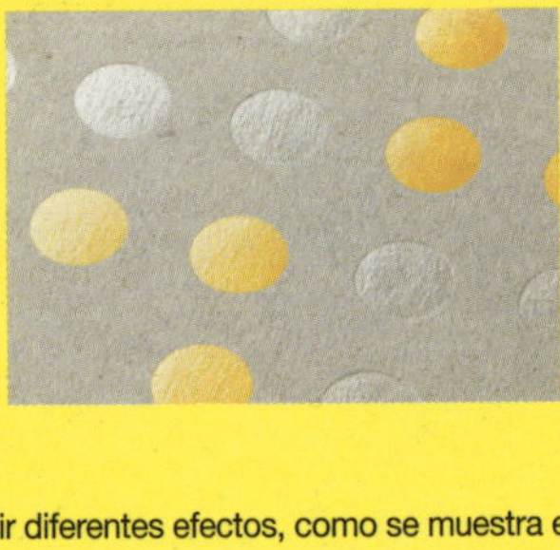

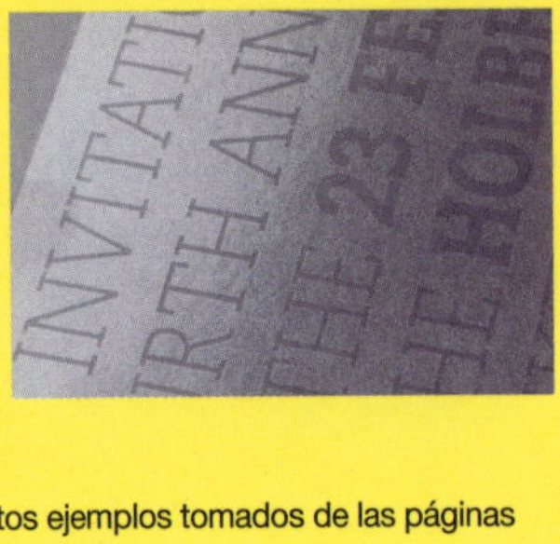

Los barnices se pueden utilizar para producir diferentes efectos, como se muestra en estos ejemplos tomados de las páginas siguientes (arriba y a continuación).
Arriba, de izquierda a derecha: barniz UV directo, transparente y perlescente.
En la página siguiente, de izquierda a derecha: barniz UV directo, plastificado y negro.

Brillante

El barniz brillante refleja la luz y se utiliza a menudo para realzar el aspecto de las fotografías o de otros elementos gráficos de folletos, ya que aumenta la nitidez y la saturación de las imágenes.

Mate

El barniz mate se utiliza sobre todo en páginas con mucho texto para difundir la luz, reducir el deslumbramiento y aumentar así la legibilidad. Confiere un acabado suave y sin brillo a la página impresa.

Satinado

El barniz satinado o de seda es la opción intermedia entre los barnices brillantes y mates. Proporciona un cierto toque de luz, pero no es tan apagado como el acabado mate.

Neutro

El barniz de máquina es la aplicación de una cobertura básica y casi invisible que sella la tinta de imprenta sin menoscabar el aspecto del trabajo. Se suele utilizar para acelerar el secado de las tareas de impresión de rápida producción (como los folletos) o en papeles mate o satinados, sobre los que las tintas se secan más despacio.

Barniz UV

El barniz UV es un líquido transparente que se aplica como una tinta y se seca instantáneamente con luz ultravioleta. Puede ser mate o brillante. El barniz UV cada vez se utiliza más como barniz directo para destacar una imagen concreta, porque aporta más brillo que el barniz.

Barniz UV a sangre

El tipo más común de los barnices UV, sobre todo porque produce un gran efecto brillante.

Barniz UV directo

El barniz se aplica para destacar zonas discretas de un diseño impreso, tanto visualmente como para conferir una textura diferente. El efecto del barniz UV directo puede maximizarse si se aplica sobre un plastificado.

Barniz UV directo con textura

Las texturas pueden crearse con barniz UV directo para conferir una propiedad táctil adicional a una obra impresa. Algunos ejemplos de los efectos del barniz UV directo con textura incluyen el papel de lija, la piel, la piel de cocodrilo y el relieve.

Perlescente

El barniz que refleja sutilmente una miríada de colores para conseguir un efecto de lujo.

Cliente: Marsh Mercer
Diseño: Turnbull Grey
Proceso: Texto impreso en un barniz perlescente que influye en la legibilidad.

Cliente: E A Shaw

Diseño: Four Letter Word

Proceso: Rejilla de iniciales con barniz UV directo.

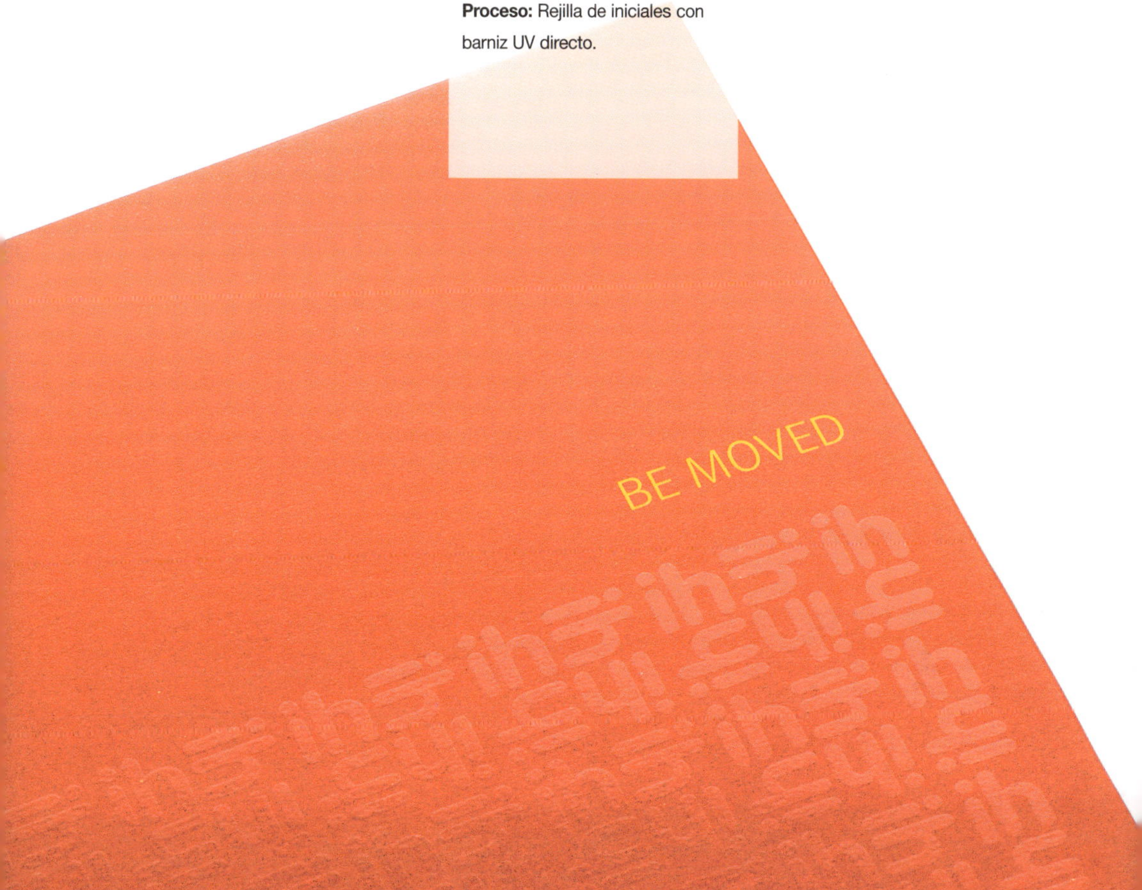

E A Shaw (arriba)

Este folleto fue diseñado por Four Letter Word para el agente inmobiliario de Londres E A Shaw. La cubierta del folleto presenta un barniz UV directo de las iniciales “i” y “h” en minúsculas del nombre del proyecto de la promoción inmobiliaria (Ingram House), que se dispusieron en forma de rejilla sobre un fondo de color rojo. El efecto es sutil aunque vistoso.

Marsh Mercer (izquierda)

El estudio de diseño Turnbull Grey creó esta invitación para el especialista en riesgos Marsh Mercer. Presenta un texto que está impreso en barniz perlescente y sólo se puede leer con claridad cuando capta la luz de una forma concreta. Los elementos principales del texto están impresos con una tipografía de palo seco plano y un cuerpo grande para facilitar la lectura.

Cliente: RSA
Diseño: Untitled
Proceso: Barniz transparente y grabado en seco para crear una superficie táctil.

Parent (derecha)

Esta tarjeta de visita comercial creada por el estudio de diseño Parent presenta un barniz UV aplicado sobre el soporte de papel tipo Plike negro, un material para imprimir similar al plástico. El barniz refleja la luz y destaca los sutiles contornos de la tipografía corporativa, que dice "Parent design for web print & brand identity".

Outside (izquierda)

Esta invitación, creada para la Royal Society of the Arts por el estudio de diseño Untitled, presenta un diseño serigrafiado sobre cartón gris, en relieve y con una cobertura de barniz transparente. El barniz confiere a la serigrafía una mayor importancia y realza la textura áspera del cartón, lo cual a su vez aporta una distinción táctil a la superficie.

Cliente: Parent

Diseño: Parent

Proceso: El barniz UV sobre el soporte de papel tipo Plike produce un efecto de tonos superpuestos.

Laminación o peliculado

El material laminar es una película fina aplicada a uno o ambos lados de un material impreso. La laminación ofrece una serie de ventajas, como el brillo, una mayor estabilidad o rigidez de la hoja y una protección contra la humedad y el uso. También puede hacer que los documentos sean impermeables e irrompibles y puede protegerlos de las falsificaciones.

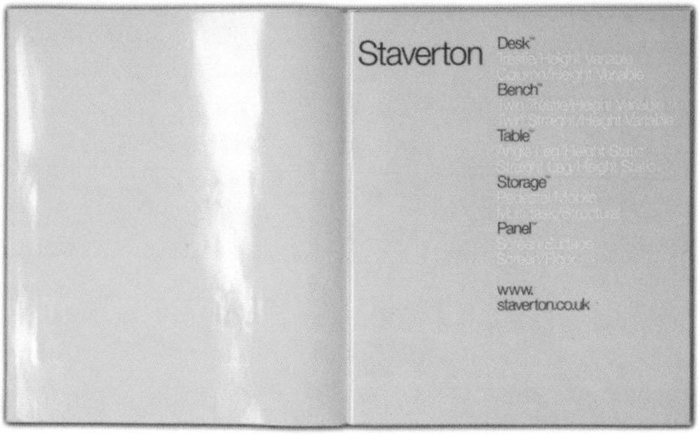

Staverton

Este folleto fue creado por SEA Design para la compañía de muebles de oficina Staverton. Está laminado, lo cual proporciona un efecto de mucho brillo. A continuación, se muestra un plegado de una de página doble de cuatro cuerpos impresionante.

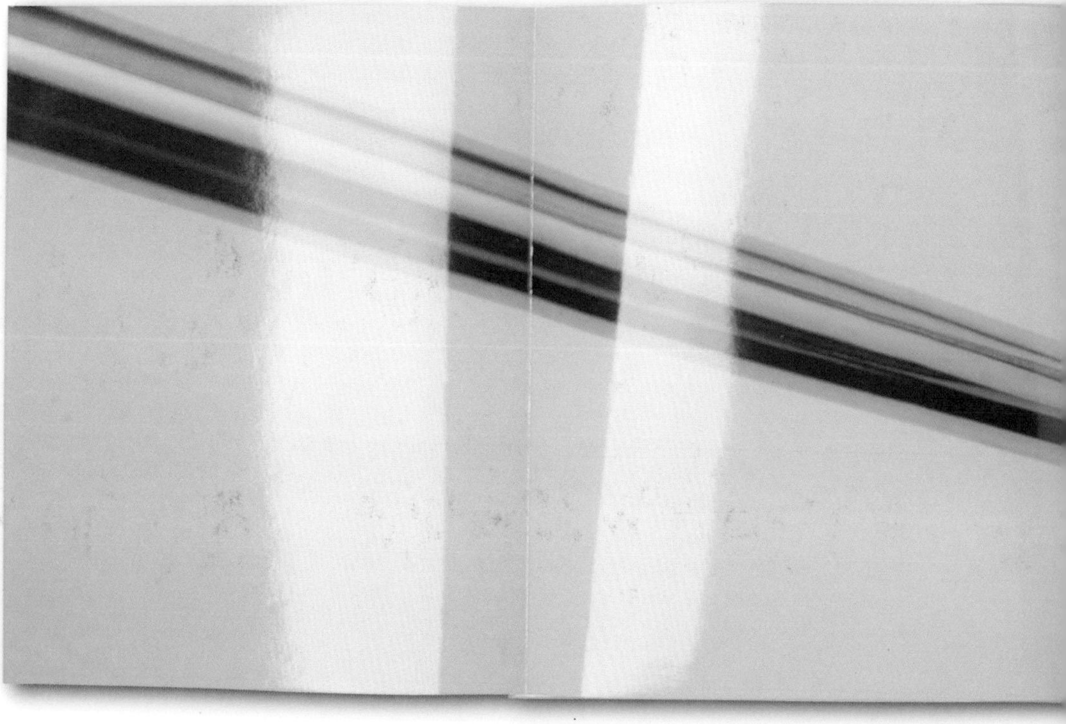

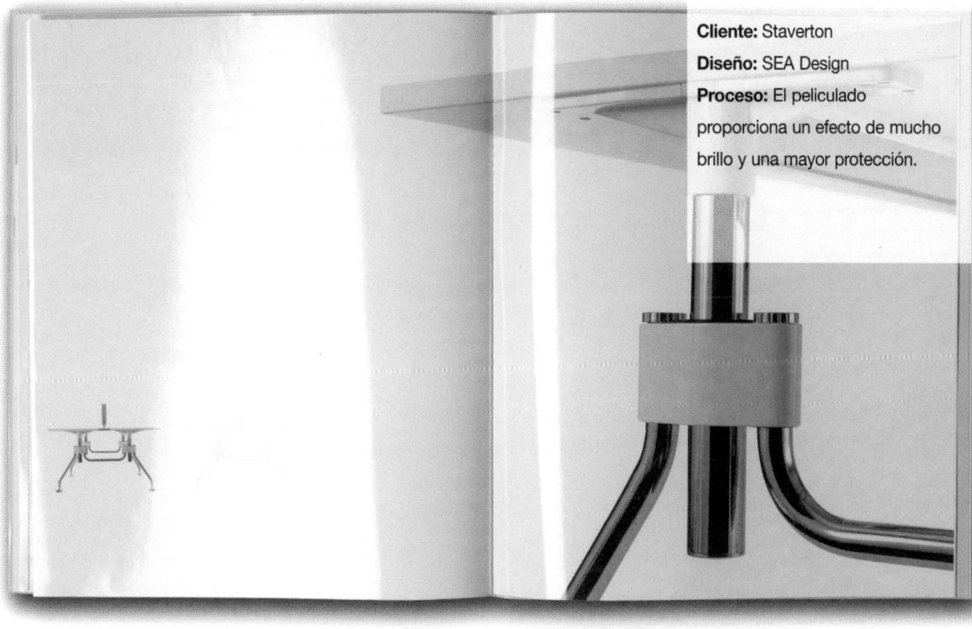

Cliente: Staverton

Diseño: SEA Design

Proceso: El peliculado proporciona un efecto de mucho brillo y una mayor protección.

Troquelado

El troquelado es un proceso que utiliza un troquel de acero para cortar una sección específica de un diseño. Se utiliza principalmente con fines decorativos y para realzar el rendimiento visual de una publicación.

Además de alterar la forma de un diseño para realzarlo visualmente, un corte de troquel puede tener un propósito funcional, como crear una abertura que permita al usuario ver el interior de una publicación.

Las tarjetas (izquierda) son parte del proyecto Acorn que se muestra en la página siguiente y comparten el mismo adorno floral. Se les ha troquelado las esquinas en forma roma, lo cual suaviza su aspecto visual y reproduce exactamente las generosas curvas de la "a" en caja alta del diseño principal.

Acorn (arriba y derecha)

Studio Output creó estos diseños para la empresa de tejidos conceptuales Acorn. El troquelado de la cubierta en forma de "a" (de Acorn) en caja alta permite ver el material interior, lo cual confiere a la obra profundidad y textura, ya que los colores de las hojas del interior se ven por la abertura. La cubierta troquelada refleja el tema floral del contenido, ya que la "a" está diseñada en forma de tallo con hojas. Las hojas del interior se han suavizado, de acuerdo con el tema floral que exponen, al troquelar las esquinas en forma roma.

Cliente: Acorn

Diseño: Studio Output

Proceso: El troquelado de la cubierta y de las esquinas incorpora el tema floral al diseño global.

Cliente: British Council

Diseño: Studio Myerscough

Proceso: El troquelado da forma al elemento de la cubierta.

Nine Positions (arriba)

La agencia de diseño Studio Mysercough creó este folleto para *Nine Positions*, una exposición de Peter Cook para la novena Bienal de Venecia de Arquitectura. La publicación está troquelada de manera que se adapta a la forma del “9” amarillo que está impreso en una fuente Stencil sobre una cubierta de cartón gris.

Museon (derecha)

El estudio de diseño Faydherbe / De Vringer creó esta tarjeta de felicitaciones para que el museo holandés Museon la repartiera entre su personal. El círculo troquelado crea una abertura por la que se puede ver una moneda en el interior. La moneda conmemora el 750 aniversario de La Haya y presenta una imagen del museo. Al quitar la moneda, aparece el logotipo del museo.

Cliente: Museon
Diseño: Fayherbe / De Vringer
Proceso: Abertura troquelada inspirada en la identidad de la empresa.

Plegado

Los diferentes métodos de plegado de los pliegos producirán distintos efectos creativos y ofrecerán diversas funcionalidades y formas de organización.

Plegado en valle

Plegado en montaña

Los pliegues en valle y en montaña (mostrados arriba) llevan ambos el nombre de los rasgos geográficos que reproducen. Ambos presentan un único pliegue en el centro. Si se combinan, estos dos pliegues son la base de una amplia variedad de combinaciones de plegados (véase página 166).

Almeida Theatre por NB: Studio
Esta invitación para el Almeida Theatre presenta dos cortes troquelados en ángulo recto respecto al pliegue central. Este método de plegado se llama plegado en paralelo y en este caso ayuda a crear una butaca para la figura troquelada.

Music Job Club (Club de trabajo musical) de Levi's por KesselsKramer
Este folleto para la marca de ropa Levi's contiene un póster que está plegado con una serie de pliegues en valle y en montaña.

Cliente: Arnolfini
Diseño: Thirteen
Proceso: Pliegues irregulares en diagonal para crear un objeto tridimensional.

Arnolfini (arriba)

Esta invitación fue creada por el estudio de diseño Thirteen para la reapertura de la Galería Arnolfini de Bristol, después de un cierre de 18 meses por remodelación arquitectónica. La invitación presenta una única hoja de Think4 impresa a cuatro colores y con pliegues irregulares, y en diagonal en valle y en montaña, lo cual produce un objeto tridimensional.

Desplegables

Un desplegable o una ilustración extendida es una hoja de papel plegada que se une a una publicación para tener más espacio para mostrar un elemento visual o una imagen en concreto.

Para abrir una ilustración extendida, el cuerpo extra se abre horizontalmente. Esa hoja tendrá un tamaño ligeramente menor al de la publicación en general para que pueda guardarse cómodamente al doblarla. Una ilustración extendida es similar a un cartel desplegable en vertical (abajo, a la derecha), que al abrirse se extiende verticalmente.

Izquierda: Desplegable en horizontal. La página impar es una página de cuerpo doble (A y B), que se dobla hacia el lomo de la publicación. Para que el cuerpo B quede bien guardado en la publicación, debe ser ligeramente más estrecho que el cuerpo A. El cuerpo A es más estrecho que el tamaño de la publicación para que el desplegable no quede dañado al encuadernar y recortar. Derecha: Con el desplegable en vertical, debe abrirse el cuerpo A verticalmente para descubrir el contenido oculto de B.

Cliente: Revista Blueprint

Diseño: George & Vera

Proceso: Desplegable de dos páginas.

Blueprint Magazine

El estudio de diseño George & Vera creó esta inserción para la revista *Blueprint*. Presenta la obra de creativos de distintas disciplinas de diseño, incluyendo el plan de señalización de autopistas del Reino Unido de Margaret Calvert, el diseño del tipo de letra para *Páginas Amarillas* de David Quay y Freda Sack y el diseño del iPod de Jonathan Ive. La inserción incluye un desplegable de dos páginas.

Plegado en ventana

Un plegado en ventana es una ilustración extendida con cuatro cuerpos que se coloca en la publicación de manera que los cuerpos izquierdo y derecho se doblan hacia el interior mediante pliegues paralelos y se encuentran en el lomo sin superponerse.

En la ilustración que se muestra a continuación, los cuerpos interiores (B) tienen las mismas dimensiones que las páginas de la publicación, pero los cuerpos exteriores (A) son ligeramente más estrechos para que puedan guardarse cómodamente en el lomo.

Los plegados en ventana se suelen utilizar en revistas para proporcionar más espacio a imágenes importantes y son especialmente útiles para mostrar imágenes panorámicas.

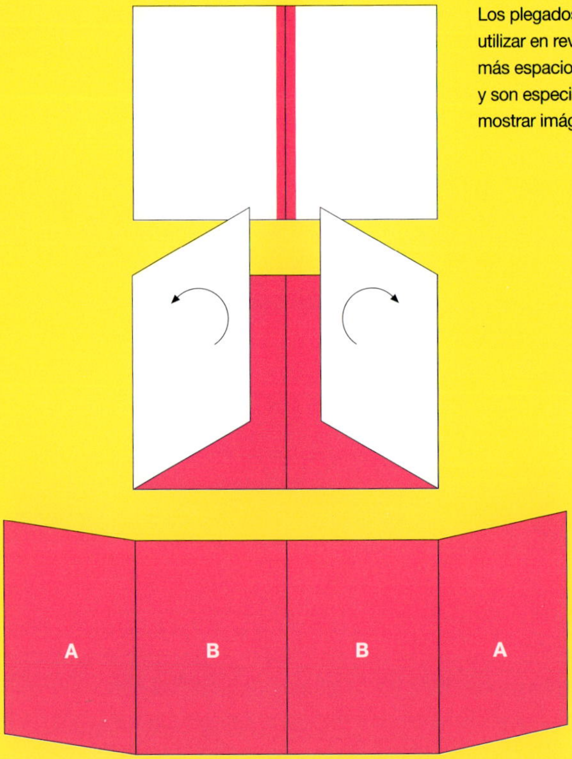

Cliente: Kunst en Bedrijf
Diseño: Faydherbe / De Vringer
Proceso: Los plegados en ventana ofrecen una mejor representación visual que el formato estándar.

A continuación se muestra el plegado en ventana desplegado y su reverso. Los cuerpos del plegado en ventana son más estrechos que los cuerpos centrales para que puedan guardarse cómodamente en la publicación.

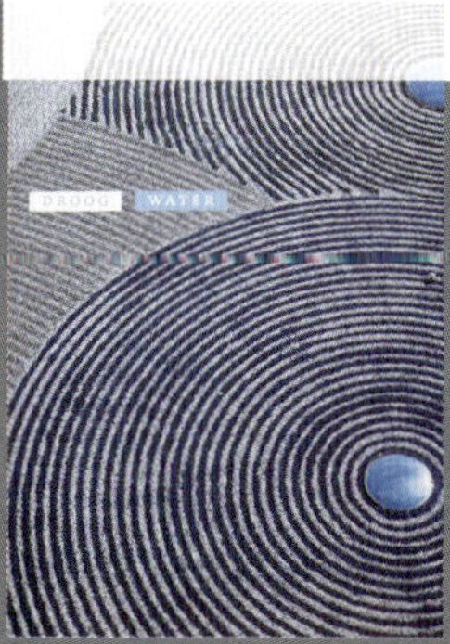

A Zen garden along the Zuidas

Kunst en Bedrijf

El estudio de diseño Faydherbe / De Vringer creó este folleto promocional para Kunst en Bedrijf (Arte y negocios), una organización que actúa de intermediaria entre los artistas y las empresas (o escuelas) que quieren hacer un encargo de una obra de arte. El folleto muestra un proyecto que Kunst en Bedrijf gestionó y presenta un plegado en ventana que ofrece al lector una mejor representación visual de dicho proyecto que si se hubiera representado en un formato estándar.

Plegado en cruz

Un plegado en cruz es un pliego impreso por un lado y doblado verticalmente y luego horizontalmente para formar una sección sin cortar de cuatro páginas.

Un plegado en cruz también puede encuadernarse a una publicación impresa (como se muestra en la ilustración siguiente) para aumentar la sensación de volumen de las páginas de la publicación. La sección se cose por el margen del lomo (abierto) para que los bordes frontales y superiores se mantengan doblados y sin cortar. El borde superior (A) se recorta durante el proceso de encuadernación pero el borde frontal queda sin cortar, formando así una cavidad. La sección interior puede imprimirse.

Este plegado en cruz estándar conforma una sección de ocho páginas.

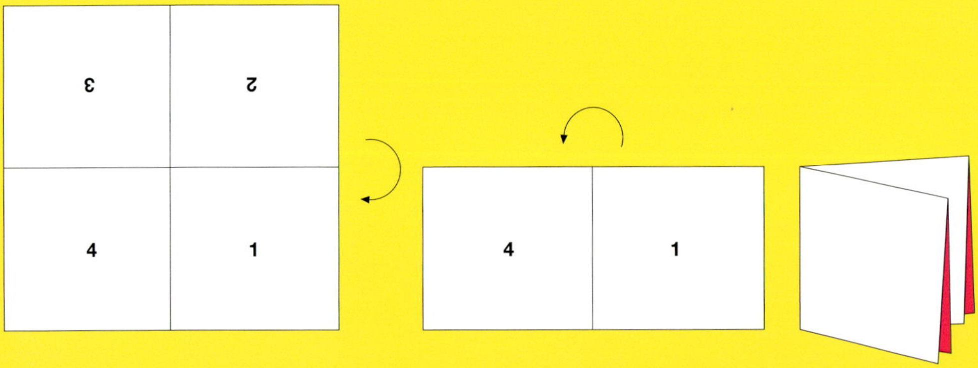

Los materiales para imprimir estucados o con mucha carga son propensos a romperse en el borde frontal y un soporte para imprimir de gran espesor también puede romperse al doblarse; por este motivo, no son adecuados para el plegado en cruz. Esta publicación fue creada por el estudio de diseño North. El contenido está impreso en las cavidades de las páginas del plegado en cruz y la publicación está hecha de papel biblia, un soporte que no se rompe al doblarse y que queda plano.

Cliente: Sweeps
Diseño: Studio Myerscough
Proceso: El plegado en cruz dobla el espesor de la página.

Sweeps

Este es un folleto inmobiliario creado por Studio Myerscough para la promoción inmobiliaria de Sweeps en la zona de Clerkenwell de Londres. El folleto presenta páginas plegadas en cruz que añaden profundidad y cuerpo a la publicación.

Este plegado en cruz se encuadernará a la americana y creará páginas con cavidad.

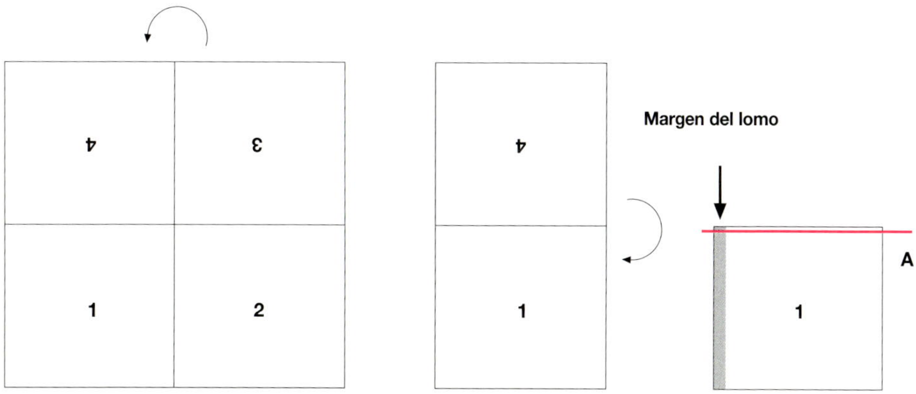

Plegado en acordeón

Un plegado en acordeón consiste en dos o más pliegues paralelos en direcciones opuestas que se abren. Este método de plegado permite que muchas páginas puedan plegarse y conformar una publicación de un tamaño menor.

Un documento plegado en acordeón puede abrirse desde el lado izquierdo o derecho. Como el lector puede abrir un documento plegado en acordeón desde cualquier punto, el contenido tiene que ser coherente tanto si se considera desplegado en su totalidad como si se considera como un conjunto de hojas separadas.

Esta ilustración muestra cómo se alternan los pliegues en valle y en montaña del plegado en acordeón y cómo se reduce el tamaño de la publicación al plegarse.

John Robertson Architects (derecha)

Esta tarjeta anuncia un cambio de nombre y fue creada por el diseñador Gavin Ambrose para la empresa de arquitectura John Robertson. La publicación de 12 páginas presenta un plegado en acordeón que convierte la publicación en una estructura. Presenta un barniz UV directo que se aplica sobre un plastificado mate, que se imprime con tinta color plata metálico.

Cliente: John Robertson Architects
Diseño: Gavin Ambrose
Proceso: El plegado en acordeón confiere propiedades estructurales.

Plegado en cilindro

Un plegado en cilindro está compuesto de un conjunto de pliegues paralelos en valle, que se doblan varias veces entre sí.

Cuando el lector abre un documento plegado en cilindro, el contenido se revela gradualmente cuerpo a cuerpo. De esta forma, el plegado funciona a modo de lenta revelación. Para un documento grande o un soporte rígido, los cuerpos quizás deban tener anchuras sucesivamente mayores para que puedan guardarse cómodamente.

Sin embargo, al igual que con el plegado en acordeón, el contenido incluido en una publicación plegada en acordeón y enrollado combinado debe poder leerse como un conjunto de hojas individuales y como una tira continua. Los plegados en acordeón y enrollado combinado pueden utilizarse para crear el efecto de "friso gráfico", como muestra el ejemplo desplegado a continuación.

El documento es una tira con varios cuerpos. Se llevan a cabo pliegues paralelos en valle sucesivamente para que el documento quede enrollado.

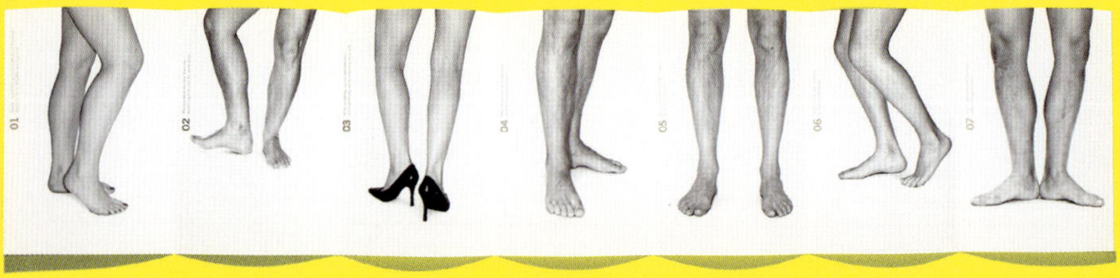

Chistmas Card

Esta tarjeta, un "pequeño regalo de Navidad", fue creada por el estudio de diseño Turnbull Ripley. Presenta siete fotografías en blanco y negro de pares de piernas. Las fotografías están guardadas y escondidas en un plegado en acordeón y enrollado combinado, de manera que sólo se puede apreciar a primera vista el exterior de color oro metálico. Para ver las fotografías, el lector debe desenrollar la publicación del mismo modo que se desenrollan las medias.

Cliente: Self published

Diseño: Turnbull Ripley

Proceso: Un plegado en cilindro para ocultar el contenido.

Relieve y grabado en seco

Un relieve o un grabado en seco es un diseño que está estampado en un soporte con tinta o con una lámina, que tiene como resultado una superficie tridimensional, realzada, decorativa o con textura para subrayar algunos elementos del diseño. Generalmente, el papel para imprimir con un mayor grosor aguanta mucho mejor un relieve (o un grabado en seco) que los materiales para imprimir más finos.

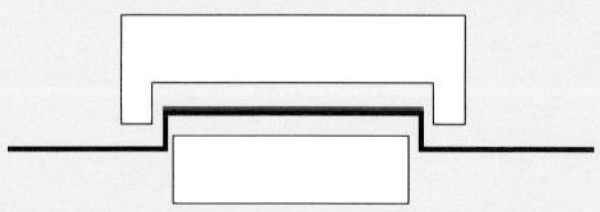

Relieve
Una impresión realzada efectuada con tinta o con una lámina sobre la imagen en relieve.

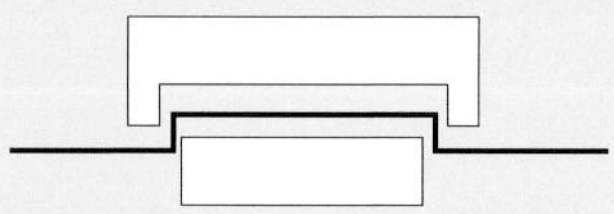

Relieve ciego
Una impresión realzada efectuada sin tinta ni con una lámina sobre la imagen en relieve.

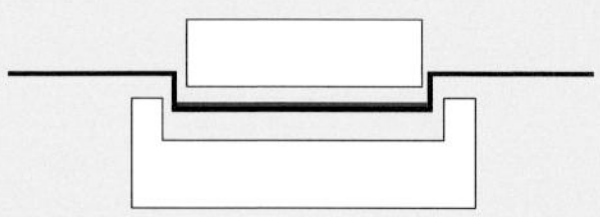

Grabado en seco
Una impresión hundida realizada con tinta o con una lámina sobre la imagen en grabado en seco.

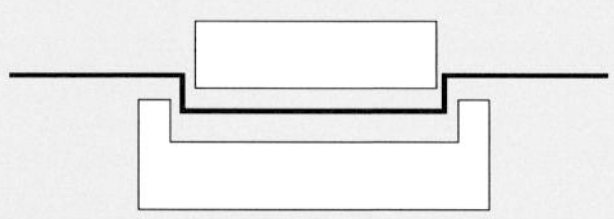

Grabado en seco ciego
Una impresión hundida realizada sin tinta y sin una lámina sobre la imagen en grabado en seco.

30/30 Vision (derecha)

Esta cubierta fue creada por el estudio de diseño Turnbull Grey para 30/30 Vision: *Creative Journeys in Contemporary Craft* (Visión 30/30: Viajes creativos en la artesanía contemporánea), un evento celebrado por Crafts Council del Reino Unido. La cubierta presenta un dibujo floral abstracto realizado con pequeños círculos en grabado en seco.

Cliente: Crafts Council
Diseño: Turnbull Grey
Proceso: Dibujo abstracto con círculos en grabado en seco.

Cliente: Ministerio de Sanidad, Bienestar y Deportes holandés
Diseño: Faydherbe / De Vringer
Proceso: Rotulación en relieve con barniz UV.

Zorg van Betekenis (arriba)

Este es un folleto creado por el estudio de diseño Faydherbe / De Vringer para el Ministerio de Sanidad, Bienestar y Deportes holandés. *Zorg van Betekenis* presenta una visión retrospectiva de diez años de gestión de calidad y señala las acciones futuras.

El diseño está basado en la tarjeta de identidad que se necesita para recibir atención sanitaria en los hospitales holandeses. La tipografía de la cubierta se ha realizado en relieve y se ha cubierto con barniz UV. Se añadió un poco de azul a la rotulación naranja para que contrastara mejor con el fondo blanco.

Crafts Council (derecha)

Esta es una cubierta de un calendario creado por el estudio de diseño Turnbull Grey para el Crafts Council del Reino Unido. La cubierta presenta un grabado en seco profundo sobre un soporte aterciopelado, que se complementa con una rotulación impresa por calor de color plata.

Cliente: Crafts Council
Diseño: Turnbull Grey
Proceso: Grabado en seco sobre papel aterciopelado con rotulación impresa por calor de color plata.

Impresión por calor

La impresión por calor o termograbado es un proceso mediante el cual una lámina coloreada se prensa sobre un soporte con un troquel caliente, haciendo que la lámina se separe de su hoja de protección. La lámina es una película fina de poliéster que contiene un pigmento seco. Se utilizan varias palabras para describir este proceso, como peliculado por calor, grabado laminado, impresión con laminado, *block print* o impresión en caliente.

Estampación plana
Una estampación plana básica que aporta una ligera elevación por encima de la superficie y normalmente no imprime en el reverso del soporte.
Estampación multinivel
Un troquel creado con diferentes niveles y texturas que puede producir elegantes diseños. Proporciona resultados llamativos, pero es más caro.

Maddison Business Systems (arriba y derecha)
Este es el detalle de la página introductoria de un folleto creado por Maddison Business Systems por el estudio de diseño Turnbull Grey. Esta página del folleto presenta un tipo impreso por calor sobre un soporte para imprimir azul, lo cual ofrece como resultado un nivel de detalles atractivo que confiere una sensación de calidad a la publicación.

Cliente: Maddison Business Systems
Diseño: Turnbull Grey
Proceso: El tipo impreso por calor sobre el soporte para imprimir azul aporta una sensación de calidad.

Cliente: Iniva

Diseño: Untitled

Proceso: Impresión por calor de color plata sobre soporte de plástico.

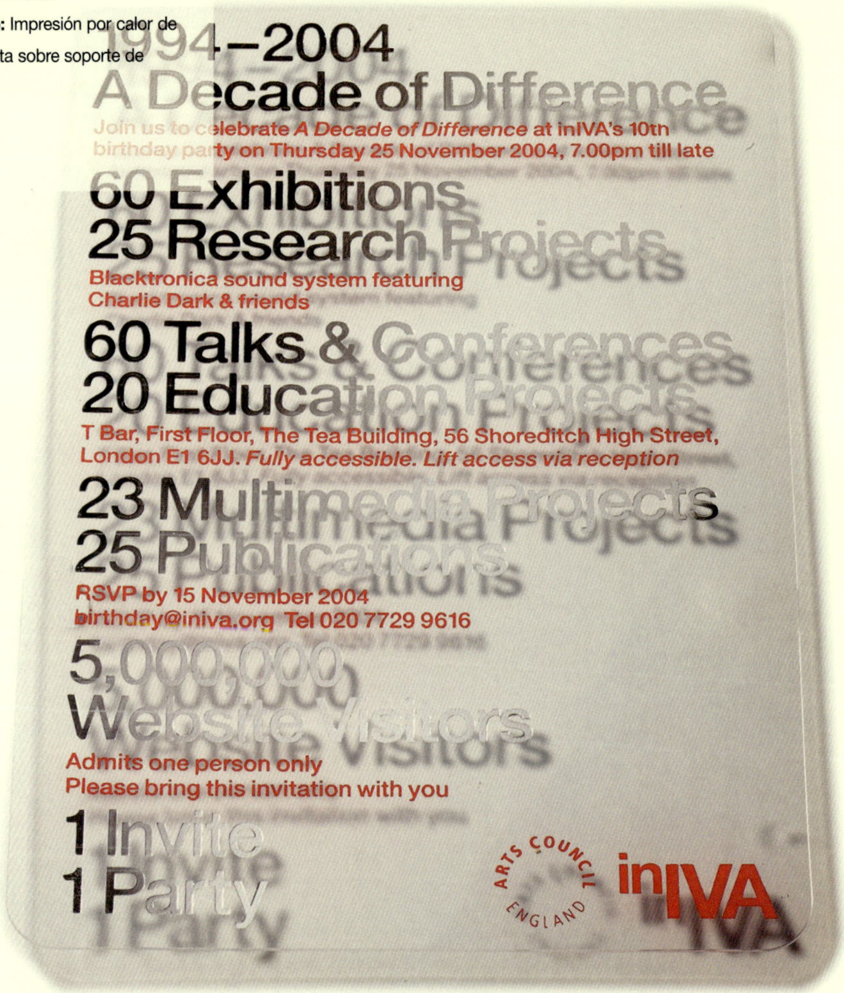

A Decade of Difference (arriba)

Esta invitación, creada por el estudio de diseño Untitled para la agencia de arte londinense Iniva, presenta una impresión por calor de color plata y una tipografía en rojo sobre un soporte de plástico transparente, en el que parte del texto parece desaparecer al cambiar el ángulo de visión.

Future Face (derecha)

La cubierta de *Future Face* de Sandra Kemp fue diseñada por la agencia de diseño Studio Myerscough para Profile Books. El título del libro, escrito de forma llamativa sobre una imagen hiperreal, con un tipo de letra estilo era espacial, está impreso por calor en color plata, lo cual tiene como resultado un efecto muy futurista.

Cliente: Profile Books
Diseño: Studio Myerscough
Proceso: El título realizado por impresión por calor de color plata crea un efecto futurista.

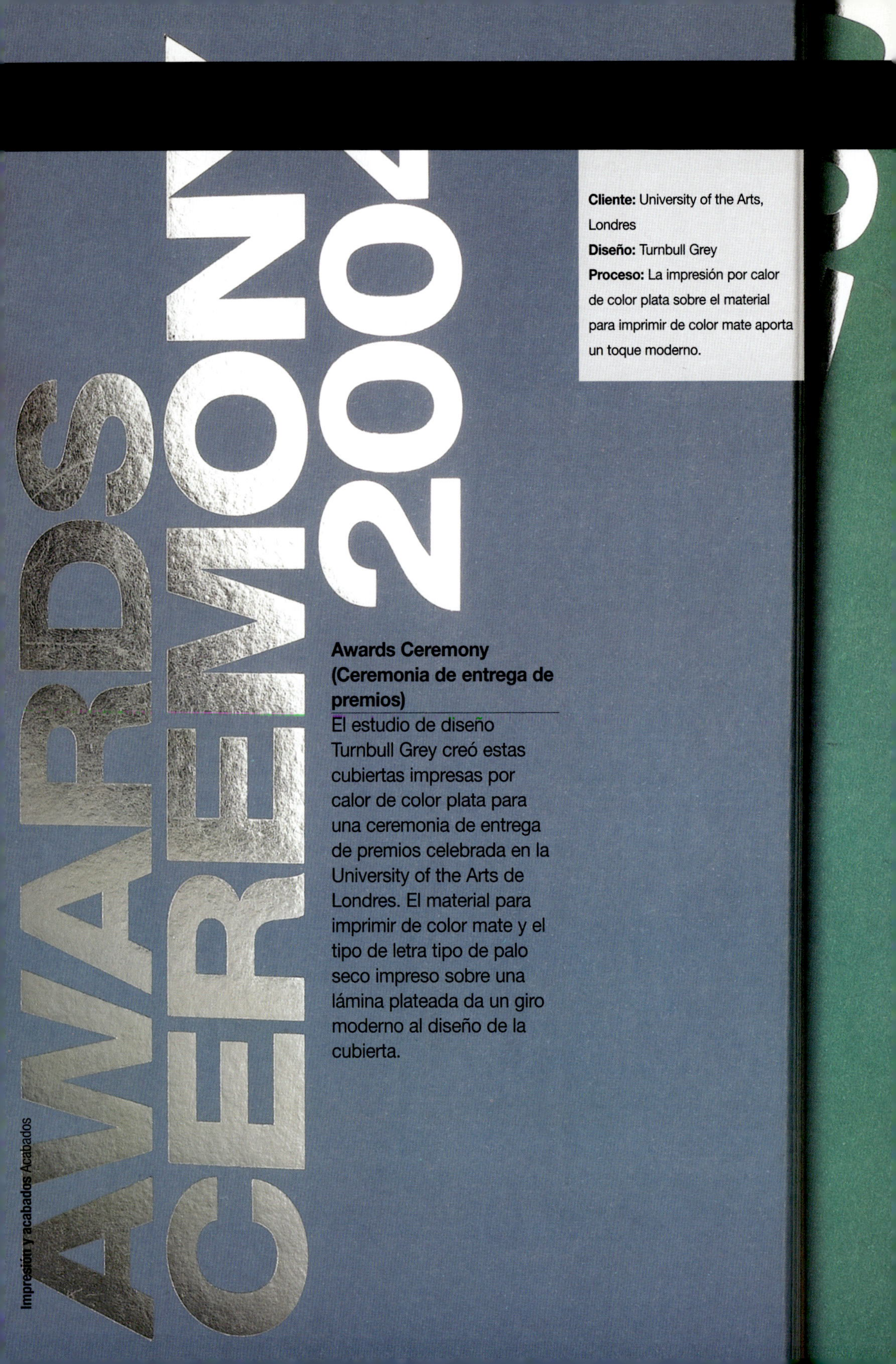

Cliente: University of the Arts, Londres
Diseño: Turnbull Grey
Proceso: La impresión por calor de color plata sobre el material para imprimir de color mate aporta un toque moderno.

Awards Ceremony (Ceremonia de entrega de premios)

El estudio de diseño Turnbull Grey creó estas cubiertas impresas por calor de color plata para una ceremonia de entrega de premios celebrada en la University of the Arts de Londres. El material para imprimir de color mate y el tipo de letra tipo de palo seco impreso sobre una lámina plateada da un giro moderno al diseño de la cubierta.

2004

Barbas

Las barbas son el borde irregular que presenta el papel al dejar la máquina de papel. El papel hecho a máquina tiene dos bordes irregulares, mientras que el papel hecho a mano tiene cuatro. Cuando no se cortan, las barbas pueden utilizarse para conseguir un gran efecto decorativo. Este efecto también puede ser imitado rompiendo el borde del papel a mano, como muestra el ejemplo de la página siguiente.

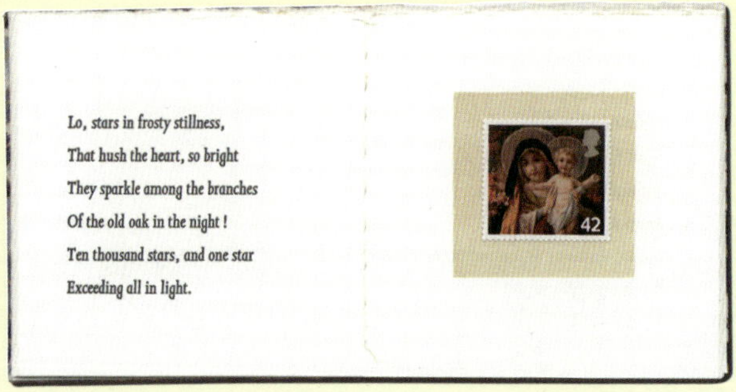

Esta hoja es de *The Wonder Night*, un libro de postales navideñas diseñado por Irene von Treskow.

The Wonder Night **(arriba y derecha)**

Este es un libro de edición limitada producido a mano de postales navideñas creado por el estudio de diseño Webb & Webb para Royal Mail. Las postales fueron diseñadas por Irene von Treskow y representan escenas de *The Wonder Night*, un poema de Laurence Binyon.

Las páginas presentan una imitación de barbas horizontales, que se crearon rompiendo el borde del papel, lo cual confiere a la publicación una calidad de producto hecho a mano.

Cliente: Royal Mail

Diseño: Webb & Webb

Proceso: Imitación de barbas hechas a mano.

Decoración de cortes

La decoración de cortes utiliza un proceso especial para imprimir en el corte, fuera de los márgenes del grueso del libro. Este proceso encuentra sus orígenes en el dorado de corte, un proceso que aplicaba oro o plata a las páginas de un libro para protegerlas, pero que ahora se utiliza más comúnmente con fines decorativos.

Esto es una decoración de corte con láminas de oro de una publicación creada por el estudio de diseño dixonbaxi.

Esta decoración de corte en negro fue creada por Studio Myerscough para Black Dog Publishing y homogeneiza las páginas con la cubierta, transformando el libro en un objeto aparentemente sólido.

***White Book* (derecha)**

El *White Book* (Libro blanco), producido por SEA Design para el fabricante de papel GF Smith, contiene detalles de la identidad actualizada de la compañía. La decoración de corte en color plata refleja la luz cuando el lector gira las páginas y complementa la tipografía plateada utilizada. El libro contiene fotografías creativas de tinta, como se puede observar en la cubierta.

Cliente: GF Smith

Diseño: SEA Design

Proceso: La impresión del borde frontal en color plata refleja la luz.

Guardas

Las guardas son las páginas de papel más grueso que se encuentran al inicio y al final de un libro de tapa dura y que sujetan la tripa del libro a la encuadernación en cartoné.

Las guardas pueden convertirse en un aspecto decorativo adicional y a menudo suelen presentar diseños, adornos, o también se usa como soporte para imprimir en color.

Para encuadernar las guardas, primero se encolan los pliegos ya alzados del libro. Luego se encolan las guardas por los pliegues y quedan cada una a ambos lados de la tripa o bloque del libro. Finalmente, se encolan las cubiertas y se unen a las guardas para terminar el libro.

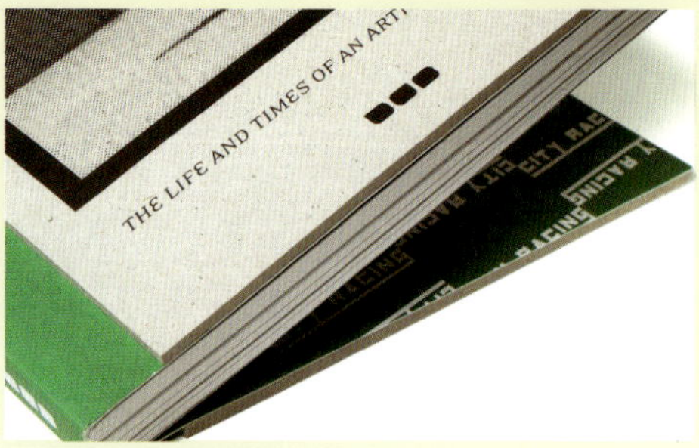

Las guardas son también un elemento de textura en un libro porque presentan un soporte para imprimir distinto al del resto de la publicación.

Izquierda: Material para imprimir de color brillante que contrasta con el blanco de la tripa del libro.

Derecha: Guardas serigrafiadas que sujetan la tripa del libro.

Cliente: Diesel

Diseño: Vasava

Proceso: Guardas con un diseño decorativo.

Fifty

Esto es *Fifty*, un libro creado para la marca de ropa Diesel por el estudio de diseño español Vasava. Las guardas del libro presentan un dibujo que utiliza el número 50, lo cual encaja con el contenido del libro.

Perforado

Se trata de un tipo de troquelado que crea una serie de cortes u orificios en un soporte para debilitarlo, y que permiten rasgarlo con facilidad.

Las perforaciones se hacen con cuchillas de perforación, flejes, a las que se puede dar una forma concreta, de modo que una parte de la cuchilla corte el soporte y el resto de la cuchilla no.

Material para enviar por correo (arriba y derecha)

En la imagen superior se observa un material de autopromoción del estudio de diseño George & Vera para enviar por correo. Como el folleto está perforado, se puede enviar por correo sin que se tenga que adjuntar por correo en un sobre separado. Las instrucciones impresas son simples y explican al usuario cómo acceder al trabajo de George & Vera, que se muestra en el interior.

Cliente: George & Vera
Diseño: George & Vera
Proceso: Folleto / Material para enviar por correo con perforación.

Cliente: Persistence Works

Diseño: Rocca Creative

Proceso: Una combinación de gráficos vectorizados y de mapa de bits.

Producción
Los procesos de producción utilizados en el diseño gráfico y en la industria de impresión para colocar físicamente la tinta sobre el papel, se pueden utilizar de muchas maneras para producir resultados creativos. Dichos resultados pueden incluir manipular los canales de color y las planchas de impresión, sobreimprimir o generar un texto en negativo y cambiar el orden en el que se imprimen los colores para cuatricromía. El impacto y el potencial creativo de un diseño puede realzarse cuando se controla el proceso creativo y no se permite que sea éste el que tome las riendas, como muestran las páginas siguientes.

Este capítulo está impreso con tintas especiales naranja metálico (Pantone 8062) y fluorescente (Pantone 811) para ilustrar la drástica diferencia que pueden causar en un diseño.

Esta hoja está impresa con una tinta especial pastel (Pantone 9101) como color base. Esta tinta pastel especial también aparece en las páginas 98-99, 102-103 y 106-107. La tinta negra de esta página sobreimprime el color base para eliminar cualquier problema de compatibilidad entre tintas.

En la imagen de la página anterior se revienta el color base, permitiendo que las zonas blancas contrasten con el borde de color que la rodea. Este borde también está impreso como una mezcla de gradación, desde el 100% en la parte inferior de la página hasta el 0% en la parte superior.

Open Studios (izquierda)

El estudio de diseño Rocca Creative creó este póster para un acto de Open Studios celebrado en Persistence Works, un local construido a propósito para la Yorkshire ArtSpace Society en el Reino Unido. El póster presenta una imagen del edificio que se consigue combinando efectos fotográficos (mapas de bits) y de infografías (basados en vectores) para subrayar el vínculo entre el edificio y las artes visuales producidas en su interior.

Mapas de bits y vectores

Los mapas de bits (fotografías) y los vectores (infografías) son los formatos de imagen más comunes del material impreso en la actualidad.

Esta imagen de una persona nadando (izquierda) es un archivo de mapa de bits que, a este tamaño, tiene un aspecto nítido y de calidad fotográfica. Sin embargo, una limitación del formato de mapa de bits es que no contiene suficiente información para producir una imagen nítida cuando se amplía, ya que se pixela (A).

Un mapa de bits se puede convertir en un archivo de vectores para conseguir un efecto gráfico. La imagen en la página siguiente se ha ampliado, pero como se trata de un archivo de vectores, aunque haya un gran aumento se aprecian unas líneas nítidas reconocibles (B).

Sin embargo, cabe recordar que una baja resolución en mapa de bits sigue implicando una imagen que no contiene suficiente información para que se reproduzca con claridad. Los pixels se convierten en vectores para conseguir un efecto creativo, no para resolver temas de resolución.

A

A. La ampliación de un mapa de bits hace que se pixele, con lo que se pierde la nitidez y el detalle de la imagen.

B

B. Como los gráficos de vectores se basan en líneas dibujadas, siguen siendo nítidos independientemente del aumento. Este detalle muestra una ampliación de un 350 % de la imagen.

Canales y planchas

La mayoría de las imágenes impresas se producen con una combinación de las planchas C, M, Y y K de los procesos de impresión a cuatro colores.

Si el diseñador entiende el principio de cómo el proceso de cuatricromía crea una imagen, podrá tratar cada pasada de color por separado, y al hacerlo obtendrá un mejor ajuste de color, de intervenciones gráficas o de ambas cosas.

Las tintas del proceso de cuatricromía se aplican con planchas de imprimir separadas en la secuencia de cyan, magenta, amarillo y negro para crear una imagen. Cabe destacar la diferencia de la imagen (izquierda) al añadir la plancha de negro (K) si se compara con la versión C+M+Y a continuación.

C

C+M

C+M+Y

C+M+Y+K

Esta es la imagen de C+M+Y, pero con una menor cantidad de negro.

Esta es la imagen de cuatricromía con un menor nivel de contraste en general.

Esta es la imagen más clara que se ha sobreimpreso con un Pantone 811 metálico tramado.

Estas imágenes están impresas con Pantone 811 fluorescente.

Estas imágenes utilizan plata metálico (Pantone 8062) como color base.

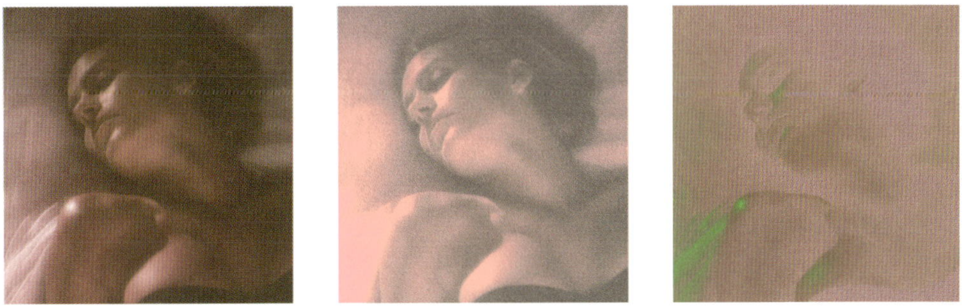

Los canales de color de estas imágenes se han mezclado para crear efectos artísticos.

Los cuatro canales de estas imágenes se han registrado mal y se han rotado para producir efectos diferentes.

Orden de impresión

El orden con el que se imprime cada uno de los colores de proceso CMYK tiene un impacto sobre el diseño impreso resultante.

Para entender este concepto hay que conocer algo más que el orden en el que se imprimen las planchas. Conocer el orden de impresión es fundamental para entender las técnicas de sobreimpresión. Obviamente, sólo un color que ya se ha impreso puede ser “sobreimpreso” con otro color. En la impresión estándar, el magenta sigue al cyan, y por lo tanto el cyan no puede sobreimprimir el magenta. El negro, sin embargo, se imprime el último y así puede sobreimprimir el amarillo, el magenta o el cyan. Si se usa un barniz, también se debe considerar si el acabado especial se sobreimprimirá (como se muestra en la página siguiente) o se reventará.

CMYK
Estos son los colores para cuatricromía estándar en el orden que se imprimen: cyan, magenta, amarillo y negro.

Enmascarar
Se trata de un hueco que se deja en la capa de tinta inferior, de manera que cuando se coloca una imagen impresa encima (que se superpone) ésta no presente modificaciones en el color por la tinta que hay debajo. El color inferior se protege con una máscara en zona en la que se superpone el otro color. Para imprimir un círculo magenta sobre un cuadrado cyan, el cuadrado cyan debe imprimirse primero con un círculo blanco (A). El hueco en el que el se imprimirá el círculo es ligeramente menor que el círculo magenta que se imprimirá para evitar problemas de compatibilidad entre tintas (B). El círculo magenta sobreimprime ligeramente el cuadrado azul para evitar que aparezcan líneas blancas debido a la desalineación de las dos planchas (C).

Reventar
La compatibilidad entre tintas es la superposición de las zonas de formas o texto coloreados para compensar la falta de registro de la prensa de imprimir. La compatibilidad entre tintas se necesita porque los puntos de la trama que componen las imágenes impresas se superponen (porque tiene diferentes tamaños y están a distintos ángulos de la trama); por lo tanto, los colores también deben solaparse para evitar la aparición de brechas blancas en el lugar en el que se supone que deben coincidir.

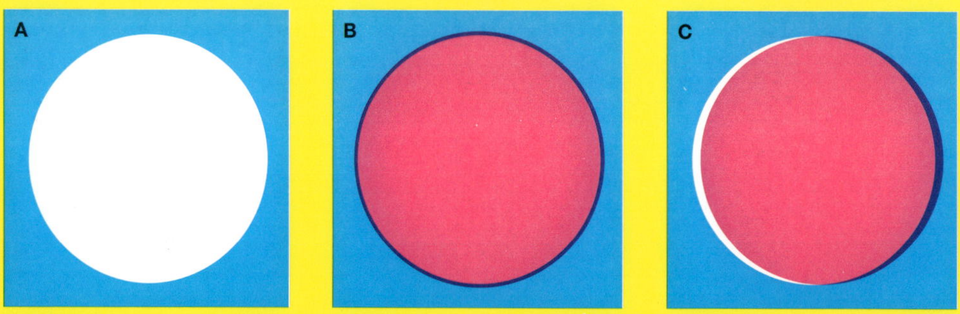

Cliente: Oskar de Kiefte
Diseño: Faydherbe / De Vringer
Proceso: Barniz especial aplicado después de imprimir como pasada final.

40% Auto

40% Auto es un libro / catálogo creado para el artista Oskar de Kiefte por Faydherbe / De Vringer. El concepto del diseño está basado en el de un catálogo de venta por correo y la obra del artista está presentada como productos que pueden comprarse. El título refleja el hecho de que el 40 % de los proyectos de Kiefte tienen que ver con coches. La cubierta del libro está impresa en negro y rojo, con un barniz brillante especial que se sobreimprime sobre el texto rojo para crear un efecto sutil de dos tonos. La tinta roja contiene color plata metálico para imitar el gran brillo de las señales de tráfico, que destellan cuando los faros de los coches las iluminan.

Técnicas de sobreimpresión

La sobreimpresión, el uso de tramas y del texto en negativo se pueden utilizar para conseguir un gran efecto creativo.

La sobreimpresión describe la impresión de un color sobre otro. La trama de color se da cuando se utiliza un porcentaje o un tono de un color; y el texto en negativo es cuando se utiliza el blanco (o color) de la página o soporte y el color impreso conforma el fondo o color base.

CMYK
Este es el proceso de cuatricromía; se suele imprimir en el orden CMYK.

Enmascarar *(knockout)*
El ajuste por defecto para los colores, en la mayoría del *software*, es utilizar máscaras para conservar los colores puros.

Sobreimpresión
Se puede configurar la aplicación de color para sobreimprimir, lo cual permite que los colores interfieran entre ellos.

Colores adicionales
Los colores adicionales pueden imprimirse en cualquier pasada durante el proceso de impresión, aunque vale la pena recordar que la tinta especial se imprime en la misma posición en todas las páginas de la sección en la que se utiliza. De este modo, por ejemplo, si el color plata se imprime primero, no puede configurarse para que se sobreimprima sobre otra página en la misma sección.

Arriba: tipografía que sobreimprime imágenes en mapa de bits.

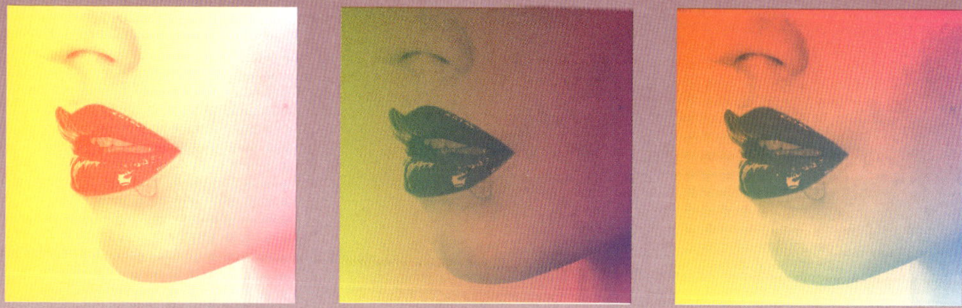

Arriba: pastilla de color por capas que sobreimprimen las imágenes en mapa de bits.

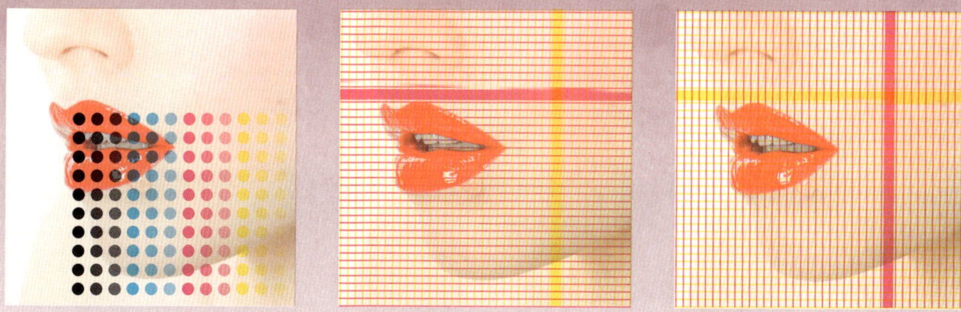

Arriba: motivos que sobreimprimen una imagen.

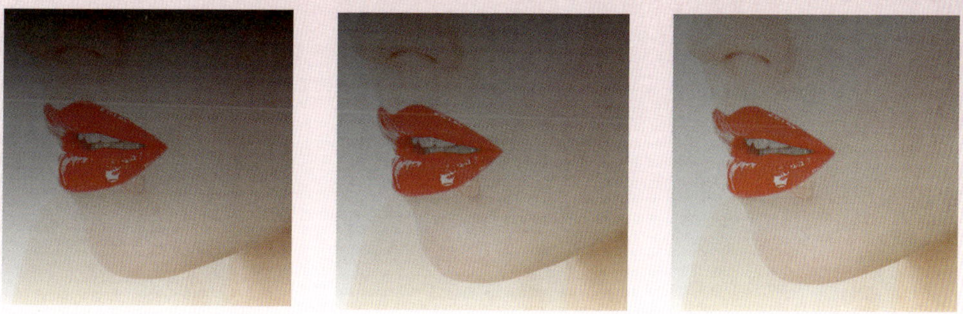

Arriba: pastillas de negro en tramas 100% (izquierda), 80% (en medio) y 60% (derecha) que sobreimprimen imágenes en color.

Cliente: Juice

Diseño: Parent

Proceso: Las sobreimpresiones transparentes aportan textura.

Juice (arriba)

El estudio de diseño Parent creó este diseño simple para la revista *Juice*. El título del artículo se presenta con un texto rojo translúcido que sobreimprime la imagen inicial a toda página. Esto permite que la imagen se entrevea.

Piano Factory (derecha)

Este folleto de temas inmobiliarios, creado por el estudio de diseño MadeThought para London & Overseas, incorpora un plegado en acordeón que queda guardado entre las solapas de una tapa dura sin ningún tipo de encuadernación. Las imágenes en cuatricromía del folleto tienen secciones cuya base de color es el negro que se sobreimprimen, lo cual crea un efecto con textura y por capas.

Cliente: London & Overseas

Diseño: MadeThought

Proceso: El negro permitió que se sobreimprimiera la cuatricromía para conseguir un efecto creativo.

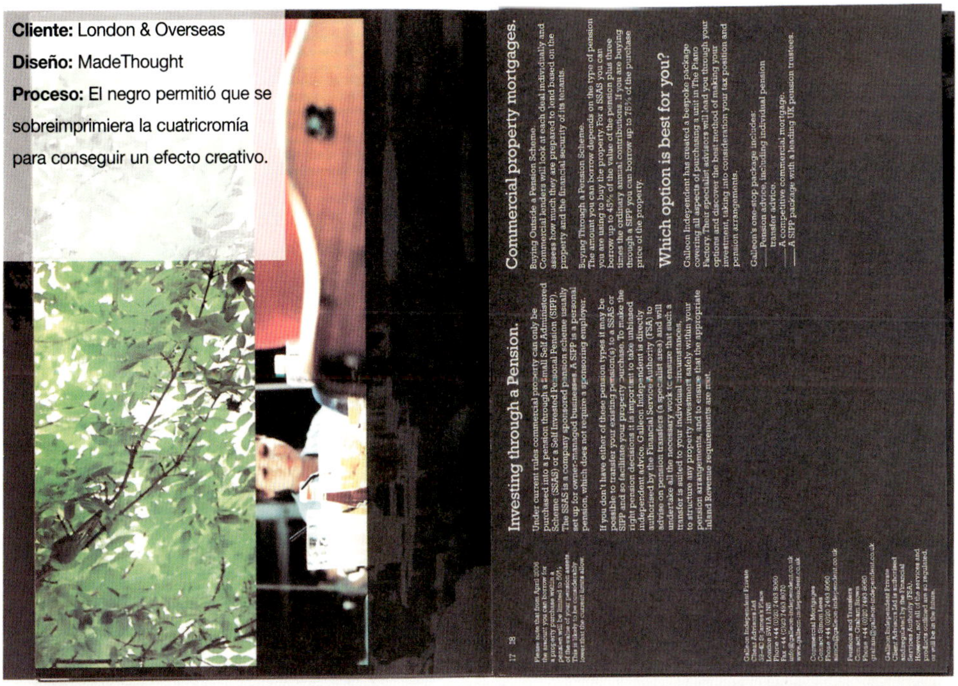

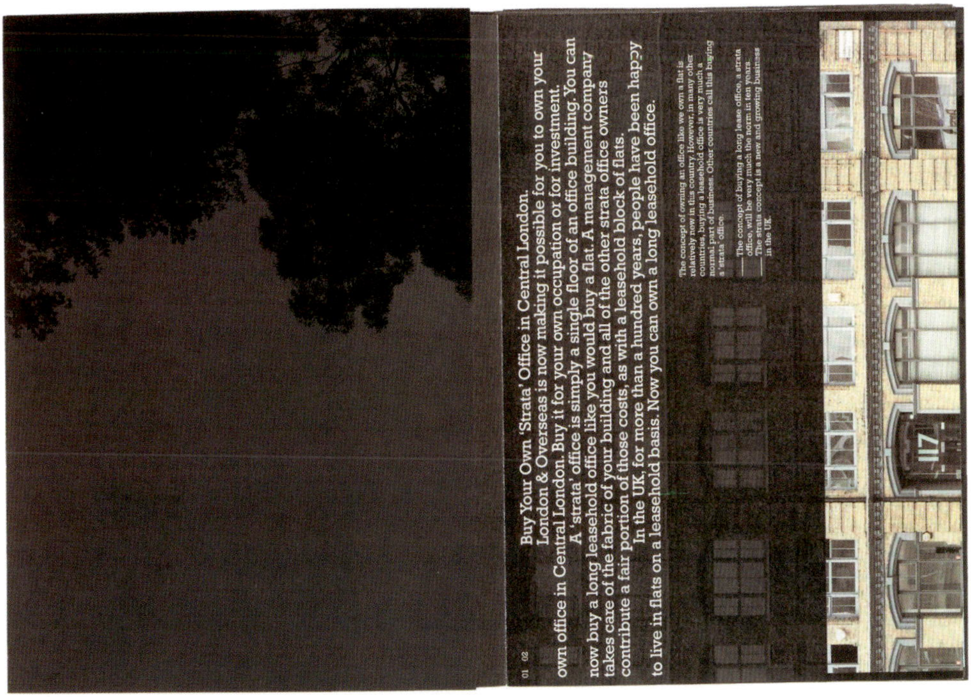

[redacted]

Cliente: *This is a Magazine*
Diseño: Studio KA
Proceso: Sobreimpresión de imágenes en mapa de bits y vectorizadas.

This is a Magazine (arriba e izquierda)

Esto son ilustraciones tendidas tomadas de *This is a Magazine* creadas por Studio KA, en las que se han utilizado imágenes de mapa de bits y vectorizadas. Los diferentes componentes del diseño se sobreimprimen, creando un tapiz gráfico rugoso de color y forma.

Semitonos

Un semitono es una imagen compuesta de puntos de diferentes tamaños, lo cual reproduce los tonos continuos de una fotografía.

Los puntos, que se pueden formar a partir de varias formas, pueden manipularse en cuanto a su tamaño, espaciado y ángulo de la trama, como muestran los ejemplos a continuación.

Esta es la imagen base.

Esta imagen utiliza puntos de la trama ampliados.

El uso de líneas de semitonos produce un efecto gráfico.

Las líneas de semitonos de esta imagen están en un ángulo, lo cual proporciona un efecto rayado.

Más que puntos, esta imagen de semitonos se produce a partir de elipses.

Esta imagen utiliza cuadrados de semitonos.

Zembla (derecha)

Estas dobles páginas fueron creadas por Frost Design para la revista literaria *Zembla*. Los elementos de la imagen de las hojas se han creado con un efecto de semitonos con forma de punto.

Cliente: Revista Zembla

Diseño: Frost Design

Proceso: Las imágenes se han creado con semitonos con forma de punto.

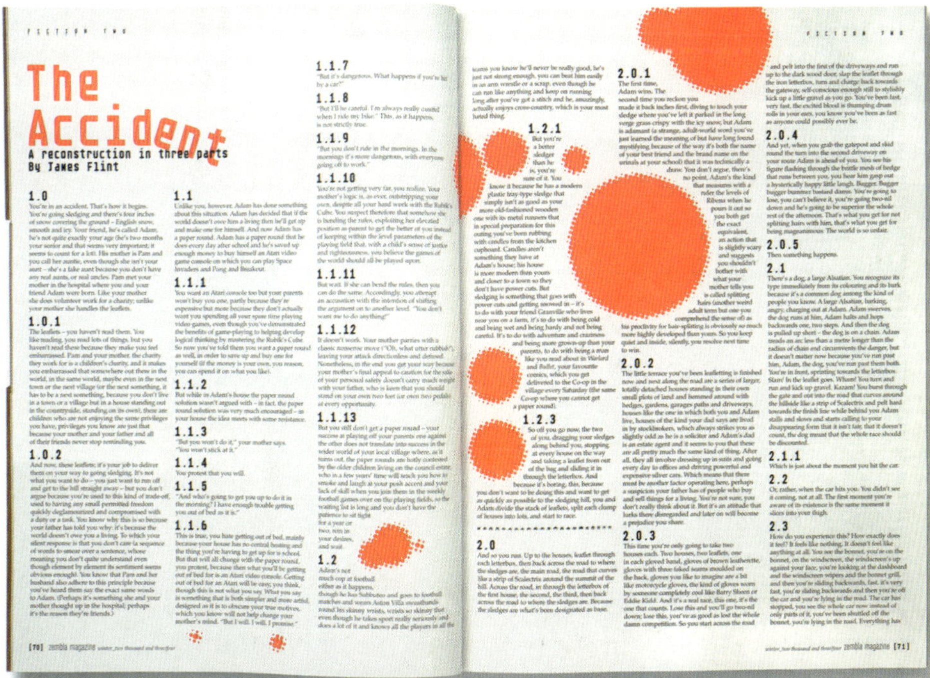

Imágenes tonales

Una imagen tonal es semejante a una fotografía en blanco y negro en la que los tonos blancos se han reemplazado por uno o por una combinación de los otros colores para cuatricromía CMY

Al transformar la fotografía original (izquierda) en una imagen de escala de grises (derecha) se crea un bitono.

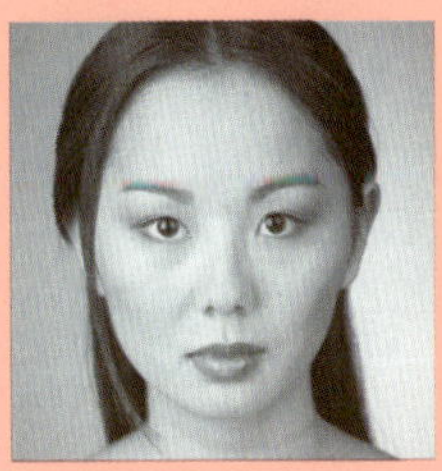

Este es un bitono básico producido con cyan y negro.

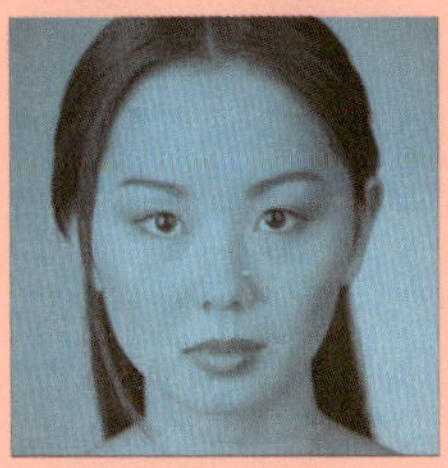

En este bitono se ha aumentado la base de color cyan para producir un efecto más oscuro.

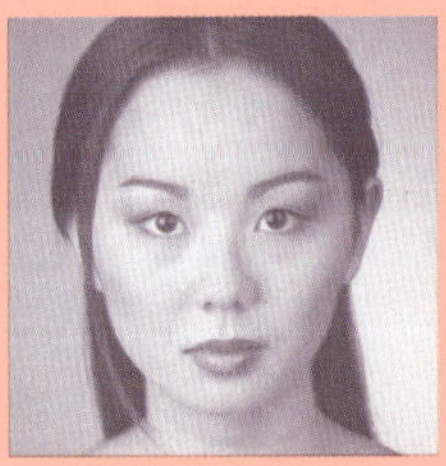

Este es un tritono en el que se utiliza cyan y magenta, lo cual produce un efecto más cálido.

Este es un bitono cuya base de color es magenta.

Este es un bitono producido con amarillo, lo cual produce un resultado cálido y suave.

Este es un tritono en el que se utiliza amarillo y rojo.

Esta imagen en cuatro tintas presenta un mayor contraste y una mayor profundidad de sombra.

Estas imágenes tritono usan tintas especiales plata (izquierda) y fluorescente (en medio), y luego un bitono fluorescente y negro.

Las curvas de color de estos bitonos se han ajustado para dar una intensidad distinta al color tonal.

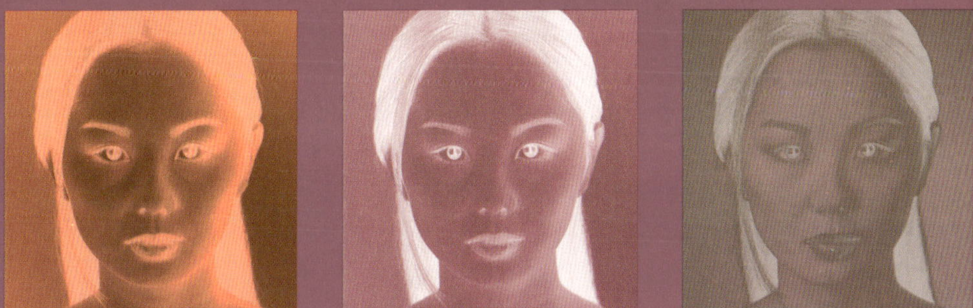

Si se ajustan lo suficiente los valores de los colores, se puede producir una imagen de aspecto negativo.

Si se experimenta con las curvas de color, se pueden obtener resultados muy gráficos.

Cliente: Enville Capital UK
Diseño: Parent
Proceso: Folleto laminado impreso en color marrón y dorado metálico.

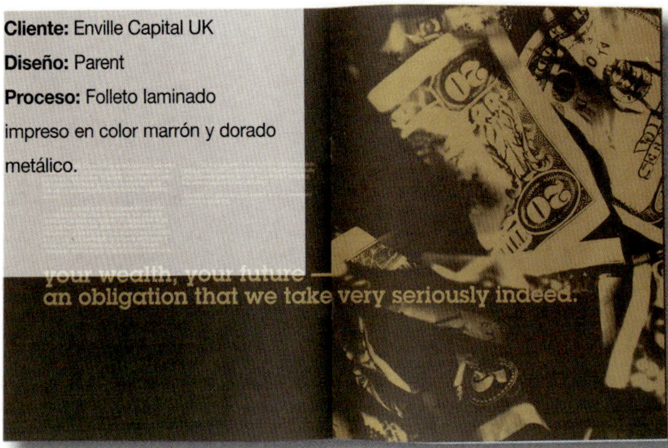

Enville Capital UK

Este folleto muestra los servicios de la compañía de gestión de finanzas Enville Capital UK. Está impreso en marrón y dorado metálico, colores que aportan una sensación cálida, refinada y opulenta. Esta sensación también se realza con la espaciosa distribución y el uso espartano del texto yuxtapuesto sobre la fotografía impresa a sangre. El folleto está plastificado para darle más cuerpo y una sensación de lujo mayor.

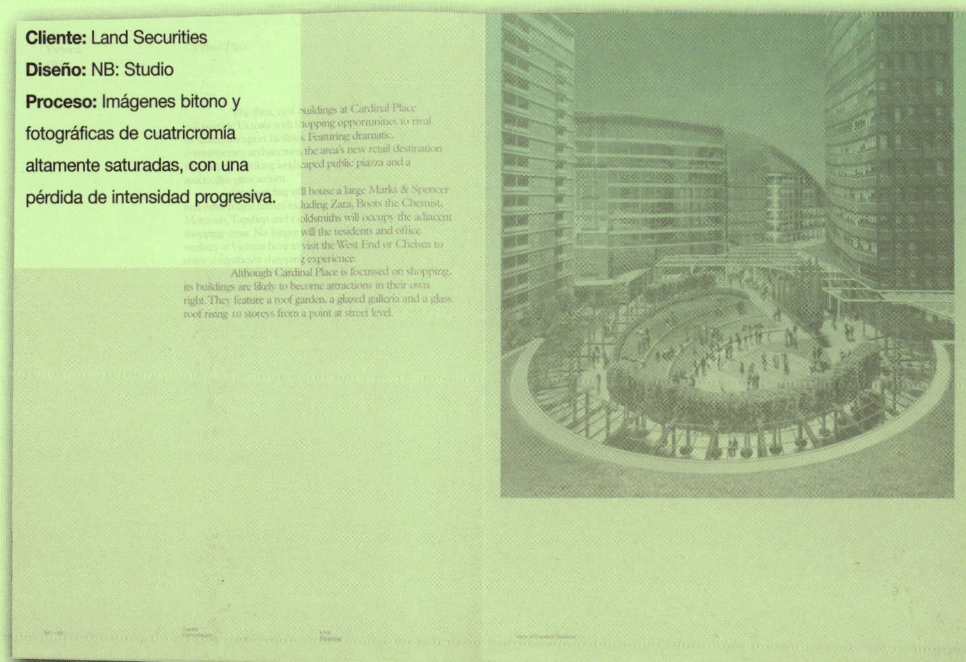

Cliente: Land Securities

Diseño: NB: Studio

Proceso: Imágenes bitono y fotográficas de cuatricromía altamente saturadas, con una pérdida de intensidad progresiva.

Land Securities

Este es un folleto creado por NB: Studio para Land Securities y su conjunto de promociones inmobiliarias en Londres. Las imágenes fotográficas de cuatricromía altamente saturadas se utilizan para expresar el tema del “pasión por las compras” (imagen inferior), las cuales contrastan claramente con las imágenes bitono de las promociones inmobiliarias. Los bitonos también representan una pérdida de intensidad progresiva de arriba abajo.

Virajes

Un viraje es una sombra de un color que se ha diluido, añadiendo blanco, para crear una variación más pálida del mismo.

Normalmente el color se reproduce mediante tramas de tricromía (cyan, magenta y amarillo) en aumentos del 10 %. De esta forma, se producen 1.330 matices disponibles para el diseñador, que pueden aumentar a casi 15.000 cuando también se incluye el negro. La muestra a continuación presenta los virajes del negro con un aumento del 10 % e impresiones sobre un material verde. De esta forma, se puede observar que incluso utilizando una paleta de colores limitada el uso de materiales para imprimir de color puede producir una variación de color y aportar la ilusión tal como:

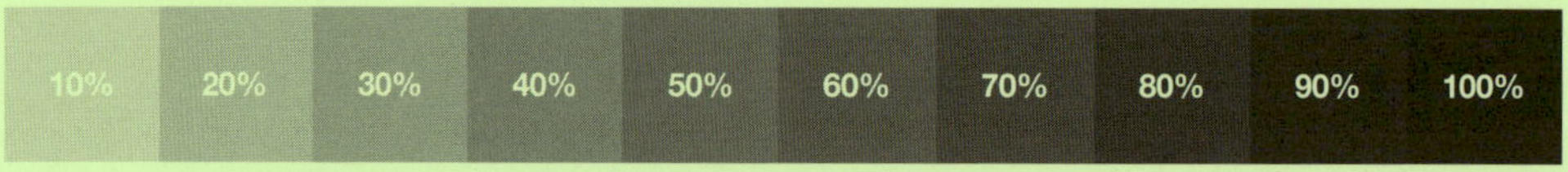

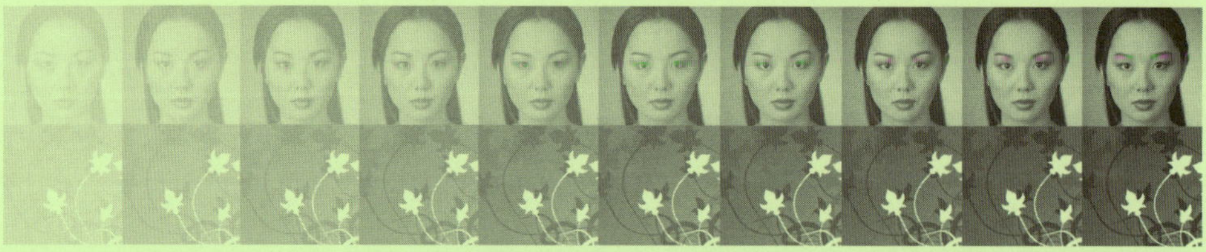

Arriba: aumentos de los valores de imagen del 10 al 100 %.

Arriba: imágenes 100 % negras sobre diferentes valores de pastillas viradas.

Arriba: un conjunto de bitonos utilizando imágenes 100 % negras con otro color base en aumentos del 10 al 100 %.

Cliente: one.org

Diseño: Research Studios

Proceso: Las tramas de negro y los tamaños variados de punto producen una presentación espectacular.

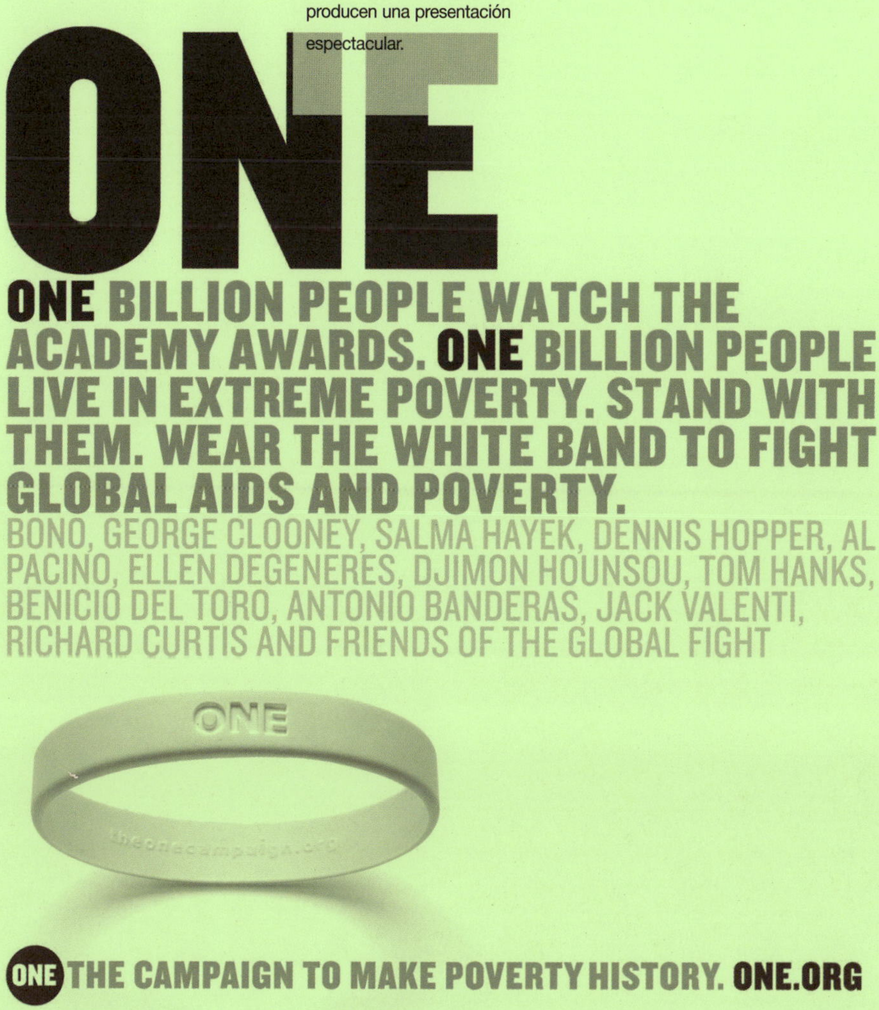

one.org

Este póster fue creado por Research Studios como parte de las campañas de diseño y de marca de one.org, el sitio web de una campaña ampliamente divulgada para hacer de la pobreza historia y para luchar contra el sida. El póster presenta texto en diferentes matices de negro y diferentes tamaños de punto para aportar una presentación espectacular al contenido.

Cliente: The London Institute

Diseño: Turnbull Grey

Proceso: Encuadernación cosida a la francesa sin cubrir para potenciar las propiedades visuales y táctiles.

Encuadernación

La encuadernación es el término genérico que hace referencia a la gama de procesos que se utilizan para mantener unidas las páginas o capítulos de una publicación para conformar un libro, una revista, un folleto u otro formato. Los diferentes métodos de encuadernación disponibles permiten que un diseñador pueda escoger teniendo en cuenta la funcionalidad de la publicación, así como sus propiedades visuales, permanencia y coste. Si se utiliza con creatividad, la encuadernación puede ser una manera simple de diferenciar una publicación y darle un toque especial.

Las encuadernaciones tienen una influencia directa en la durabilidad de una publicación; la encuadernación cosida o térmica son métodos más duraderos que la encuadernación a la americana, por ejemplo. Las revistas de consumidores tienen una duración en almacenaje corta y por lo tanto se suele utilizar la encuadernación cosida con grapas, ya que estos métodos son más baratos y la durabilidad del formato es menos importante en este caso. Si una publicación necesita que las páginas se queden planas al abrirla, como es el caso de los manuales, la encuadernación con wiro o canadiense son más apropiadas.

Particle Fabrics (izquierda)

Esta publicación fue creada por Turnbull Grey para el centro de educación superior The London Institute. Como la publicación tiene que ver con tejidos, Turnbull Grey decidió utilizar elementos que aportaran propiedades táctiles al diseño, como la encuadernación cosida a un lado y las páginas plegadas en cruz. Estos elementos también realzan el aspecto visual y la calidad percibida, así como la durabilidad de la publicación.

Encuadernación con *wiro*, con espiral y con canutillo

La encuadernación con *wiro* se caracteriza por un lomo de metal que pasa por unos agujeros especialmente cortados en el margen del lomo de la publicación.

La principal ventaja de este método de encuadernación es que permite que las páginas de la publicación puedan quedarse planas al abrirla, como se puede apreciar en el ejemplo de la página siguiente. También deja el lomo al descubierto, como se puede apreciar en la imagen a continuación. Hay que tener cuidado con cualquier imagen que atraviese el medianil del documento, ya que los agujeros pueden interferir con la estética.

Encuadernación con *wiro*
Canutillo de alambre que se pasa por los agujeros de las páginas y se cierra para sujetar las páginas.

Encuadernación con espiral
Se pasa una espiral de alambre de arriba abajo (o viceversa) por los agujeros de las páginas para sujetar la publicación. Este proceso requiere más tiempo, pero sujeta las páginas con mayor firmeza.

Encuadernación con canutillo
Sigue el mismo principio que la encuadernación con *wiro*, pero utiliza un canutillo de plástico en vez de alambre.

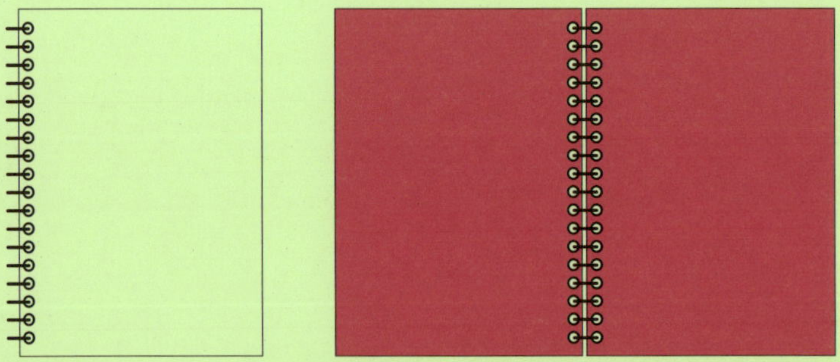

Eurostar (derecha)

Este folleto, creado por HGV Felton para la compañía ferroviaria Eurostar, tiene cinco hojas encuadernadas con *wiro* y doce encartes encolados cortos y barnizados, que se utilizan para representar el sistema de exposición de la información, análogo a Solari, que se utiliza en los aeropuertos y en las estaciones de tren para informar sobre los horarios de vuelos o trenes. Las abundantes y evocadoras imágenes en blanco y negro atraen la atención hacia el lomo de la publicación, en el que la encuadernación con *wiro* se utiliza como la bisagra en el sistema de mensajes, lo cual invita al lector a interactuar.

Cliente: Eurostar

Diseño: HGV Felton

Proceso: La encuadernación con wiro y con encartes encolados representa el sistema de exposición de información.

Encuadernación envolvente

La encuadernación envolvente o canadiense es de dos tipos, envolvente y semienvolvente, aunque ambos métodos son esencialmente lo mismo.

Tanto la encuadernación canadiense como la semicanadiense utilizan un *wiro*, que se coloca en una cubierta exterior, a modo de las cubiertas en rústica. Ambos métodos permiten que las páginas del documento queden planas al abrirlo y que tenga un lomo para indicar el título y otra información sobre el volumen.

Encuadernación envolvente o canadiense
La encuadernación envolvente tiene el lomo cubierto, como muestra el dibujo de la izquierda.

Encuadernación envolvente
La encuadernación semienvolvente tiene la espiral parcialmente a la vista, como se muestra en el dibujo de la derecha.

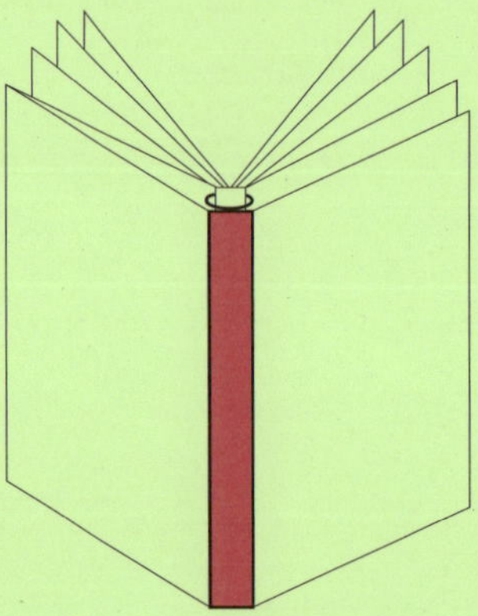

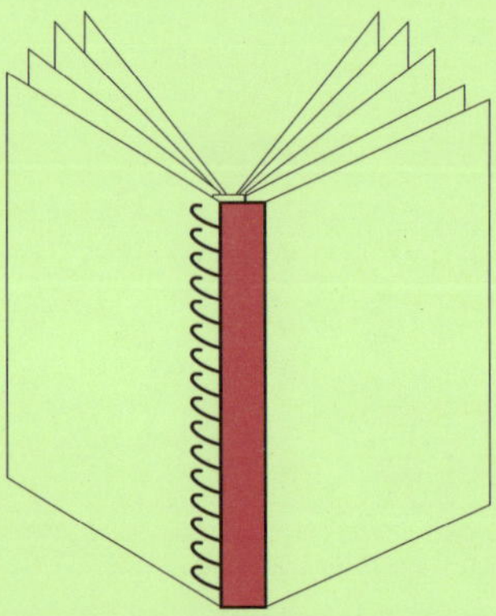

En este ejemplo, el grueso del libro (A) está sujeto a una base del mismo tamaño (B) con la encuadernación envolvente. Este valle se pliega en dos cuerpos (C), que son suficientemente grandes para sujetarlo, y el lomo (D) permite que la publicación se cierre. Todos los pliegues están marcados en magenta.

Cliente: Arts Council England

Diseño: Untitled

Proceso: Encuadernación canadiense y esquinas troqueladas.

Necessary Journeys

Esta publicación, que es un documento sobre los viajes físicos y metafóricos de un grupo de artistas, fue creada por el estudio de diseño Untitled para Arts Council England. La publicación utiliza una encuadernación canadiense, que consiste en un *wiro* (alambre en espiral) sobre el que se ha colocado en una cubierta exterior con un lomo para que el alambre no sea visible. La publicación presenta esquinas troqueladas que cada vez son más cortas para formar un sistema de referencia de marcación de páginas.

Carpetas enrolladas

Puede que algunas publicaciones parezcan estar encuadernadas, cuando en realidad el único proceso de acabado de impresión que se ha utilizado es el plegado.

Dichas publicaciones se describen como carpetas enrolladas porque el lector reencuaderna manualmente la publicación después de utilizarla plegándola de nuevo. Los mapas y los folletos son ejemplos típicos de este tipo de encuadernación.

Esta ilustración es un ejemplo de una publicación que presenta un plegado en acordeón en el que los dos primeros cuerpos (marcados en magenta) conforman la cubierta en la que se pliegan los otros cuerpos. Los dos primeros cuerpos son más grandes que los demás para que quepan los demás.

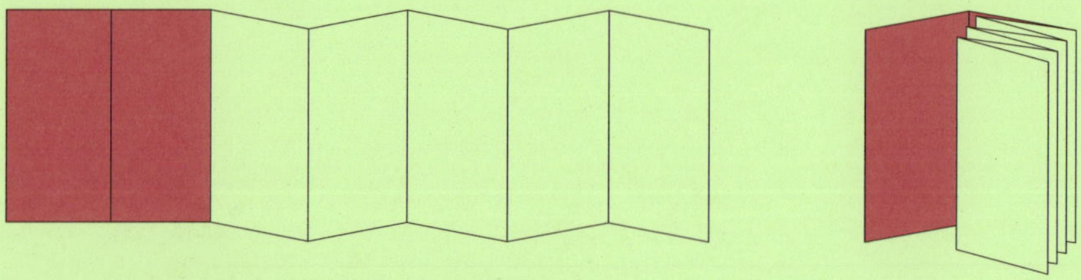

Informe anual de Situations (abajo y derecha)

Este informe anual fue creado por el estudio de diseño Thirteen para Situations. Lanzado en el año 2003, Situations quiso encargar nuevo arte en un contexto de debate y discusión crítica. Este informe resume el impacto acumulativo y diverso del programa hasta la fecha. En vez de planificar una encuadernación tradicional para esta publicación de 30 páginas, Thirteen decidió utilizar un plegado en acordeón. Un lado del informe proporciona información objetiva sobre cifras de audiencia, finanzas y financiación, mientras que el otro lado presenta la visión de la organización, así como su misión y la información sobre sus proyectos y publicaciones. Impreso en dos partes y acabado a mano, las páginas incorporan sutiles gradaciones de color para representar la flexibilidad de Situations para cambiar.

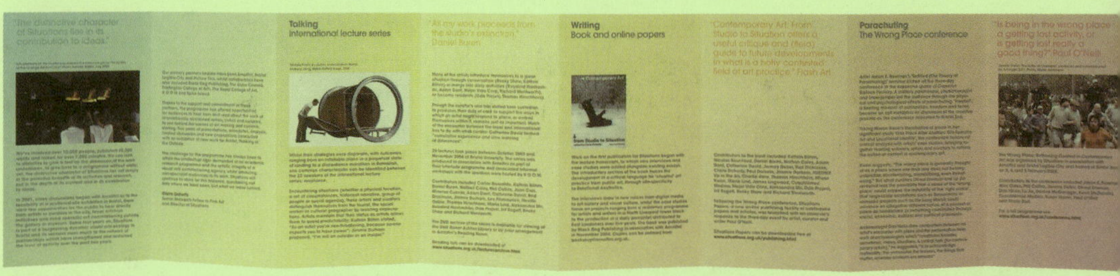

Cliente: Situations

Diseño: Thirteen

Proceso: Plegado en acordeón que contiene todas las páginas.

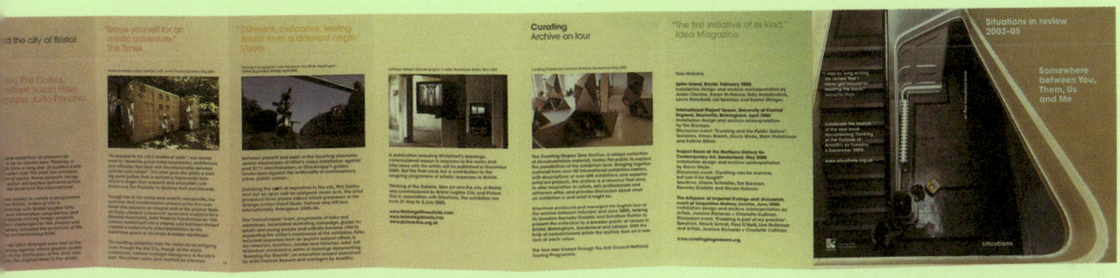

Encuadernación en tapa dura

La encuadernación en tapa dura es un método duradero utilizado a menudo en la producción de libros en cartoné.

Papel de vitela
El papel de vitela es un papel translúcido que a veces se utiliza para proteger planchas de color en un libro. Está disponible en diferentes dibujos o texturas, como el lino.

Bucarán
El bucarán es tejido de hilo o algodón basto encolado con cola o goma para cubrir una tapa dura.

Cabezadas
Las cabezadas son tiras de tela que cubren las partes superior e inferior del lomo del libro. Sirven tanto para proteger como para decorar.

Guardas
Las guardas son las páginas de papel más grueso, que se encuentran al inicio y al final de un libro de tapa dura, y que unen la tripa o bloque del libro con las tapas.

Cliente: Sergison Bates
Diseño: Cartlidge Levene
Proceso: Publicación con cubierta de bucarán y tapa dura.

Brick-work

Esto es *Brick-work*, una publicación creada por el estudio de diseño Cartlidge Levene para los arquitectos Sergison Bates. El título de este libro encuadernado en tapa dura está serigrafiado sobre la cubierta de bucarán.

Encuadernación a la americana

La encuadernación a la americana es un método que se utiliza comúnmente para revistas y algunos libros en rústica.

Para encuadernar una publicación de esta manera, se coloca el conjunto de pliegos alineados por el lomo donde se encolan con un adhesivo flexible, que los sujeta sin tener que coserlos y además los une a la cubierta.

El margen del lomo a veces puede perforarse para permitir el paso de la cola y que ésta penetre en cada pliego de papel. Por este motivo, a veces este método también se llama encuadernación adhesiva. Luego el borde de las hojas se guillotina para conseguir un acabado limpio y simple. La calidad del adhesivo determinará la duración de la encuadernación.

Proceso de encuadernación a la americana
Los pliegos se alzan para conformar la tripa o bloque del libro. Los lomos de los pliegos se cortan o se perforan y se aplica adhesivo. Luego se entra la cubierta y se coloca alrededor de la tripa del libro. Finalmente, se guillotina el borde de las hojas. Se debe destacar que el borde del lomo se ha cortado transversalmente. Estos cortes funcionan como bisagras para que la página gire; así se cuenta con el margen del medianil y se evita que el lomo se debilite.

Cosido de los pliegos
Los pliegos la tripa del libro se pueden coser antes de encuadernarse para que sean más resistentes, pero este proceso requiere más tiempo y consecuentemente es más caro.

Costura a caballo
Este proceso combina la encuadernación a la americana y el cosido de las secciones, pero el hilo no se pasa entre las secciones.

Costura francesa
Este método utiliza un hilo que va de delante hacia atrás de la tripa o bloque del libro. Así se consigue una encuadernación extremadamente resistente y por lo tanto no es de extrañar que se utilice a menudo con los libros infantiles.

Cliente: RSA

Diseño: Untitled

Proceso: Folleto encuadernado a la americana con relieve, grabado en seco y troquelado para realzar el efecto del color negro superpuesto.

RSA (arriba)

El folleto *Art For Architecture,* producido para la Royal Society of Architecture por el estudio de diseño Untitled, tiene una cubierta de material para imprimir negro que combina un diseño de círculos en relieve con un troquelado, lo cual crea un efecto de negro superpuesto que también añade textura. La tapa posterior presenta el nombre de los artistas cuyo trabajo está incluido en el folleto grabado en seco.

Encuadernaciones alternativas

Con materiales o técnicas poco usuales, se logran efectos de encuadernación creativa.

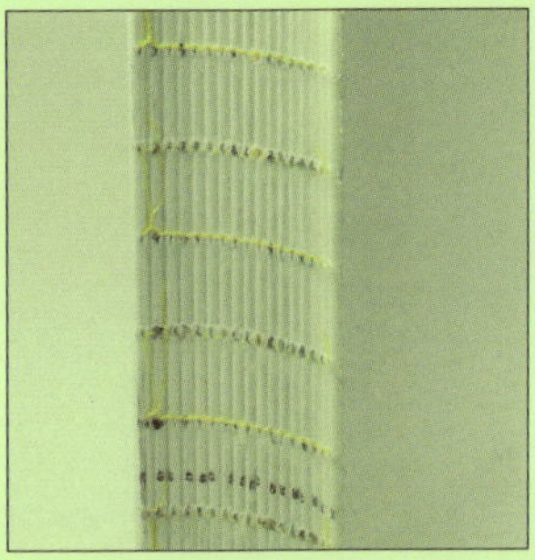

Encuadernación con el cosido a la vista
La encuadernación con el lomo sin cubrir tiene el cosido a la vista. Este es un ejemplo del estudio de diseño Tank para la revista *Mind*.

Faja
Esta publicación, creada por el estudio de diseño MadeThought, se realza con la faja, que también la envuelve.

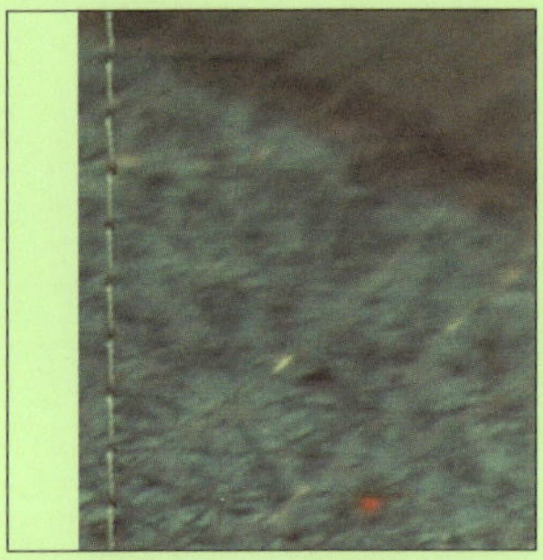

Encuadernación japonesa
La encuadernación japonesa puede aportar un toque decorativo, ya que el hilo está disponible en muchos pesos y colores y sin duda puede coserse de varias maneras.

Encuadernación en acordeón
Esta publicación en acordeón fue creada por el estudio de diseño MadeThought. La encuadernación en acordeón separa claramente la publicación en dos partes.

Gomas elásticas
Las gomas elásticas son una manera sencilla de sujetar pliegos de hojas sueltos con un material de cubierta rígido.

Clips y pernos
Clips, pernos y otras piezas pueden utilizarse para encuadernar, como se observa en este ejemplo del estudio de diseño Studio Myerscough.

Cliente: Land Securities

Diseño: NB: Studio

Proceso: Faja a modo de elemento visual de cierre.

Land Securities

Este folleto, llamado *Capital Commitment,* creado por NB: Studio para la empresa de promoción inmobiliaria Land Securities, presenta una faja impresa por calor que envuelve las páginas y aporta un elemento visual singular. La faja lleva el mensaje "Life*Style*", un lema que incorpora las iniciales del cliente y alude a la idea de que el espacio vital "correcto" puede complementar tu estilo de vida.

Cliente: The Conran Shop
Diseño: Studio Myerscough
Proceso: Encuadernación con goma elástica.

Juxtapose With You

Este folleto fue creado para la casa de muebles The Conran Shop por Studio Myerscough. Incluye un conjunto de páginas sueltas yuxtapuestas que se sujetan con una goma elástica. Esta encuadernación permite que el lector quite las páginas y las reorganice como quiera. Las páginas dobles de la página siguiente presentan esta yuxtaposición y muestran cómo el formato del folleto refleja el título de la colección *Juxtapose with You*.

Cliente: The Mill

Diseño: MadeThought

Proceso: La serigrafía del estuche de DVD aporta profundidad y textura.

El acabado final de un producto a menudo reúne varias de las técnicas que se han comentado con anterioridad en este libro. Muchas obras impresas presentan una gama de procesos de acabados e impresión creativos, que en última instancia conforman el producto final.

En los capítulos anteriores se han analizado las diferentes áreas de impresión y acabados individualmente. La mayoría de los trabajos, sin embargo, combinan diferentes elementos y técnicas de ambas áreas. Si un diseñador conoce las técnicas de impresión y acabado, podrá añadir valor a su diseño, haciendo que unas instrucciones, por ejemplo, sean creativas y tengan un acabado envidiable. De este modo, se beneficiará directamente al cliente, ya que sus productos y comunicaciones podrán diferenciarse de los de sus competidores y resultarán más emocionantes para el usuario final.

La satisfacción y el interés generados por las técnicas creativas de impresión y acabados no deja de sorprender. La gente establece una relación instintiva entre lo que ve y lo que toca, y la sensación de un material para imprimir interesante o la manera con la que una lámina capta la luz posee una magia, una magia que el diseñador puede controlar y utilizar a su favor.

The Mill (izquierda)

El estudio de diseño MadeThought creó esta caja para un DVD para The Mill, una empresa cinematográfica de posproducción londinense. El exterior de la caja está serigrafiada tanto por delante como por detrás para aportar profundidad al diseño y textura al producto. El proceso serigráfico proporciona un color regular y vibrante y muchísimo detalle, como se puede apreciar en el dibujo de la rejilla de la contraportada, que confiere una identidad única a un producto que de otra forma tendría una presentación estándar y anodina.

Textura

Se puede aportar textura a una publicación de varias maneras, por ejemplo eligiendo el soporte, el proceso de impresión y las técnicas de acabado.

La textura añade una propiedad táctil a un material impreso y, si se utiliza con eficacia, con ella se pueden conseguir resultados gráficos singulares.

Eugène van Veldhoven (arriba y derecha)

Esta tarjeta, creada por Faydherbe / De Vringer para el diseñador de telas Eugène van Veldhoven, refleja en su diseño el producto del cliente, quien crea nuevos tejidos y telas para las industrias de la moda y automovilística. En el interior, se utilizó para el texto un tipo de letra creado por el estudio de fuentes holandés Character Font Foundry, y el logotipo, grabado en seco, se imprimió por calor sobre un papel metálico estucado, lo cual resultó en una textura parecida a la tela. La información de contacto se imprimió con tinta metálica y las tarjetas con diferentes barnices y relieves para crear un "muestrario" de efectos.

Cliente: Eugène van Veldhoven
Diseño: Fayherbe / De Vringer
Proceso: El grabado en seco y la impresión por calor sobre un papel metálico estucado producen una textura de tela.

Cliente: Circle Press

Diseño: Thomas Manss & Company

Proceso: Cubierta en relieve y *pop-up* para añadir textura.

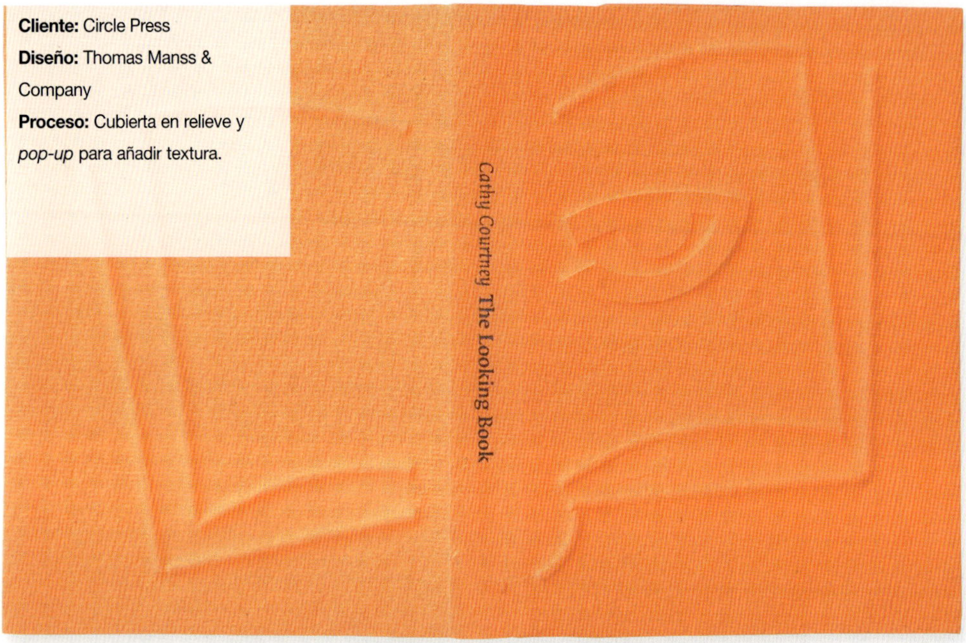

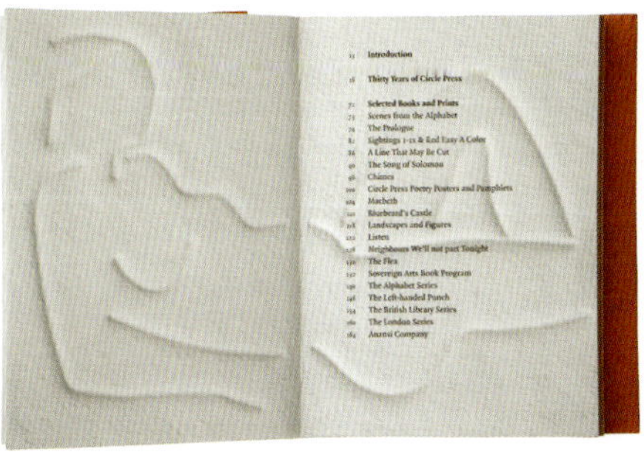

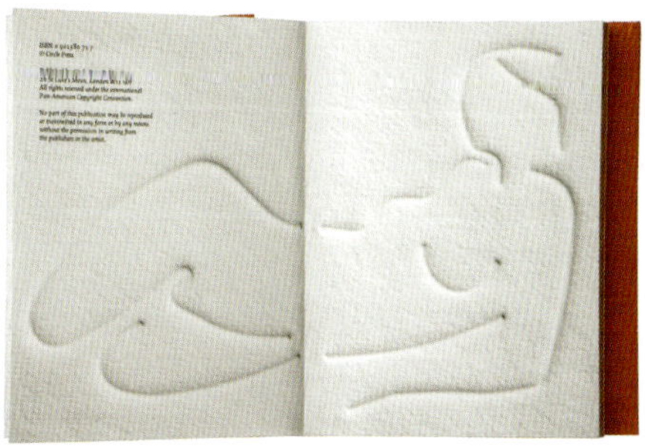

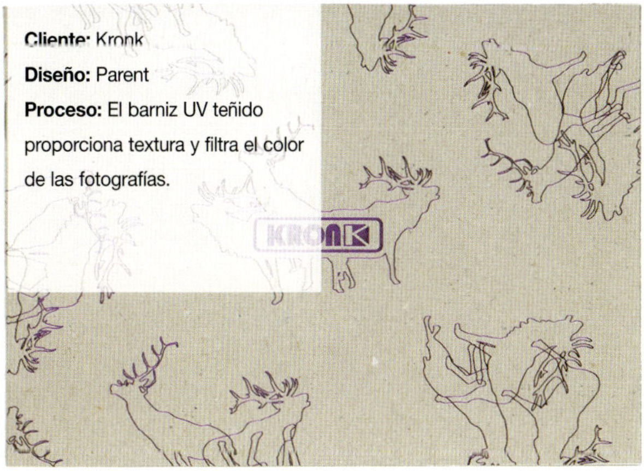

Cliente: Kronk
Diseño: Parent
Proceso: El barniz UV teñido proporciona textura y filtra el color de las fotografías.

Look book

Un *look book* es una colección de imágenes relacionadas con las tendencias de la industria de la moda de las próximas temporadas. Sin embargo, el concepto se ha ampliado y se utiliza para hacer referencia a cualquier colección de imágenes de un catálogo sobre un tema en concreto.

The Looking Book (izquierda)

The Looking Book fue creado por Thomas Manss & Company para el decimotercer aniversario de Circle Press, una empresa que se especializa en publicar libros de edición limitada únicos e imaginativos utilizando una gama de procesos de impresión y acabados. La cubierta en relieve (arriba) y la sección de *pop-up* del centro del libro (abajo derecha) son obras originales del fundador de Circle Press y artista Ron King. Las otras imágenes son de Turn Over Darling, un conjunto de seis dibujos en tela de Ron King.

Look Book de Kronk (arriba)

Este *look book* fue creado para la marca de diseño del Reino Unido Kronk por el estudio de diseño Parent. La portada del folleto presenta un logotipo en rosa metálico impreso por calor sobre cartón gris, que encaja con el tema de lo “hipernatural” de la publicación. Las hojas están impresas en cinco colores con barniz UV teñido, que aporta textura y filtra los colores naturales de la fotografía.

Valor añadido

Las técnicas de impresión y acabados proporcionan tanto al diseñador como al cliente la oportunidad de añadir valor a una publicación impresa. El uso de dichas técnicas supone sin duda un mayor coste de impresión, pero también puede ayudar a que un material se comunique eficazmente y en más dimensiones. Por ejemplo, añadir barniz directo al diseño de una cubierta aportará una propiedad táctil que puede traducirse en una mayor calidad percibida. El lector puede asociar esta mayor calidad con el producto u organización del que proviene la publicación.

Oliver Spencer (derecha)

Este folleto fue creado por el estudio de diseño George & Vera para la colección de primavera-verano 2006 del diseñador de ropa para hombre londinense Oliver Spencer. La maqueta de las páginas del folleto es simple y clara y todo está envuelto en una cubierta envolvente de cuatro cuerpos para realzar la sensación de calidad de la publicación. El folleto está impreso en un *offset* de lujo, lo cual hace referencia nuevamente a la calidad de la publicación y, por asociación, a la línea de ropa.

Cliente: Oliver Spencer

Diseño: George & Vera

Proceso: Cubierta envolvente de cuatro cuerpos en un *offset* de lujo.

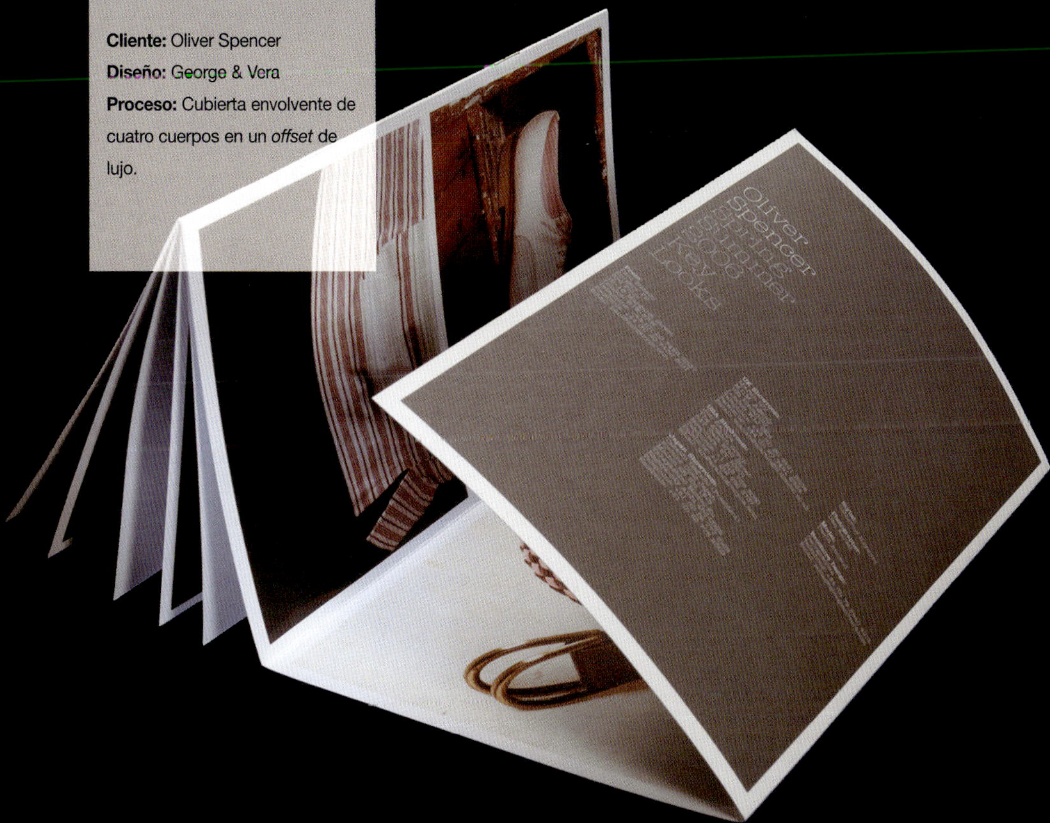

Cliente: VH1
Diseño: dixonbaxi
Proceso: La decoración del corte y el troquelado inusual crean un “objeto” de diseño.

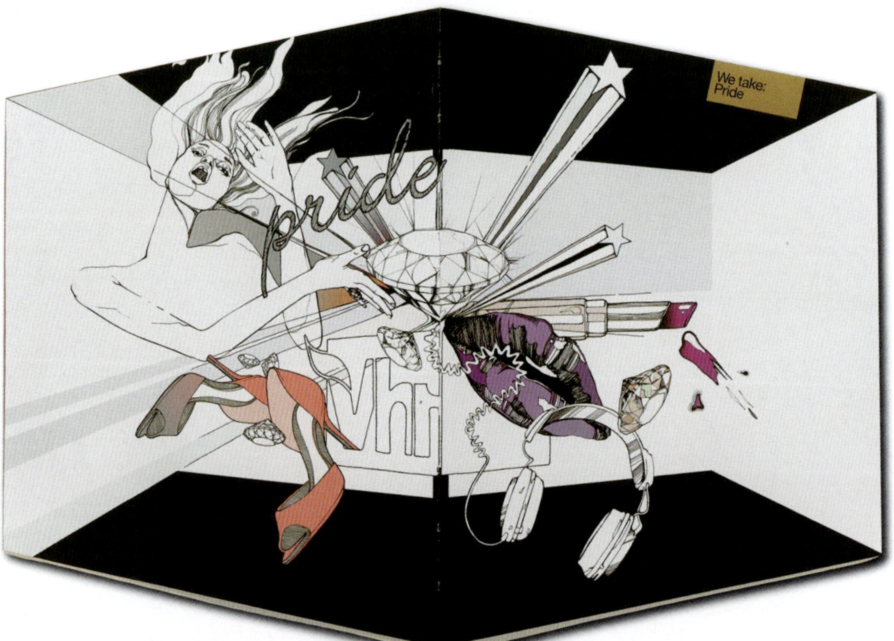

VH1

Esta publicación, que contiene las líneas directrices corporativas del canal de televisión por cable VH1, fue creada por el estudio de diseño dixonbaxi. dixonbaxi utilizó el tema de los pedidos televisivos, que son por naturaleza variados y fugaces, para organizar el contenido. El resultado es un conjunto de texto e imágenes que quiere comunicar la idea de que las líneas directrices no son ni sancionadoras ni restrictivas.

La publicación tiene el corte frontal impreso en color dorado y el troquel tiene la forma del logotipo del canal, creando un "objeto" de diseño, y no un mero libro impreso. Decorar el borde frontal en una publicación sobre un medio de comunicación efímero es una paradoja interesante, ya que contrasta con la longevidad deseada que sugiere el proceso.

Cliente: E A Shaw
Diseño: Four Letter Word
Proceso: La carpeta exterior añade valor e importancia a los contenidos del folleto.

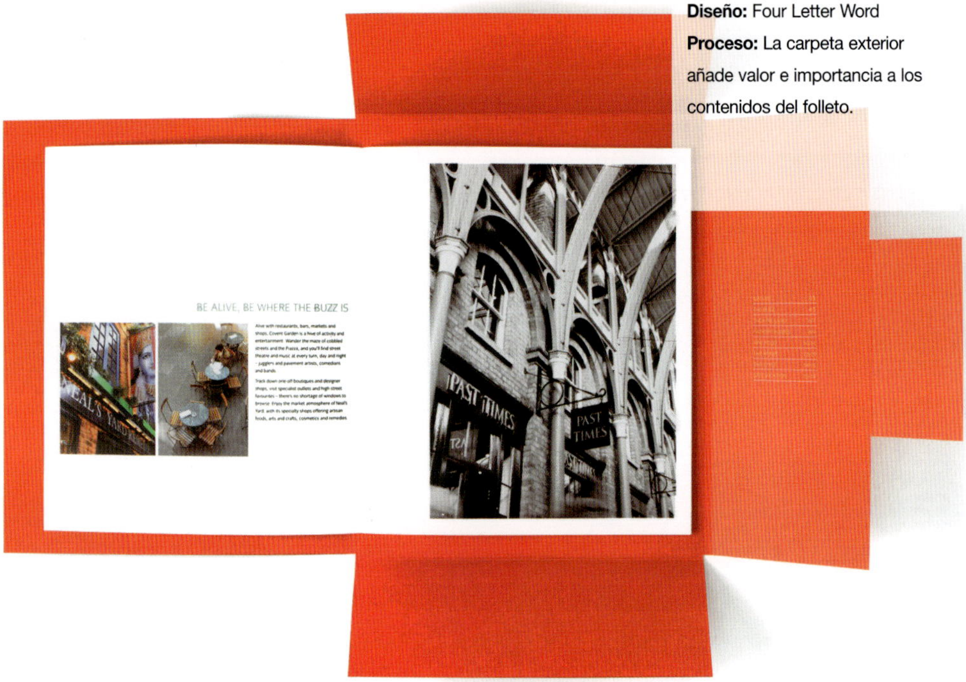

E A Shaw (arriba)

Este folleto promocional sobre la inmobiliaria londinense Ingram House de E A Shaw fue creado por el estudio de diseño Four Letter Word. La forma con la que la carpeta envuelve el folleto interior aporta valor e importancia a los contenidos, además de protegerlos. Al tratarse de folletos inmobiliarios, se tocarán mucho, así que proteger la parte exterior es una idea práctica.

Wedgwood (derecha)

Esta caja de presentación, creada por el estudio de diseño Studio Myerscough para el productor de porcelana Wedgwood, aporta un toque moderno a una marca tradicional y con solera.

La caja está forrada con papel y presenta un diseño de colage que contiene un conjunto de elementos visuales (imágenes de archivo y escaneadas) y elementos gráficos, que se combinan en un dibujo de lámina intrincado. La lámina plateada mantiene la imagen clásica de la compañía, ya que refleja los diseños moldeados ornamentados que embellecen la porcelana de Wedgwood.

El concepto de diseño trata los valores tradicionales de una forma distinta y crea una sensación de irrelevancia juguetona de esta marca establecida e histórica.

Cliente: Wedgwood

Diseño: Studio Myerscough

Proceso: Diseño de lámina ornamentada combinado con gráficos para producir una presentación moderna.

Glosario

Los procesos de impresión y acabados pueden utilizarse para añadir un valor creativo al diseño, como muestran los ejemplos de este volumen. Entender la terminología que se utiliza para describir y definir estos procesos facilita la comunicación de objetivos e intenciones entre los diseñadores, los clientes y la industria de la impresión.

Muchos de estos términos están recogidos en el siguiente glosario para poder consultarlos con rapidez. Aunque no es un glosario exhaustivo, se han incluido los términos utilizados más comúnmente. Entenderlos facilitará la comprensión y expresión del tema. Muchos de estos términos tienen en cuenta el contexto, lo cual convierte este glosario en valiosa sección de referencia.

Aterciopelado, papel
Papel especial para cubiertas obtenido esparciendo sobre toda o parte de la superficie un polvo de borra teñido (pelusa de lana muy fina o polvo de fibras vegetales) para crear un dibujo en realce.
Barniz
Laca o cobertura plástica líquida, incolora o tintada, que se aplica sobre un material impreso para darle un efecto de brillo, satinado o mate. Se utiliza como una capa final de tinta, tras la impresión.
Barniz directo
Barniz aplicado sobre un área específica de un elemento impreso.
Barniz UV
Barniz aplicado a un soporte impreso fraguado mediante luz ultravioleta.
biblia, papel
Papel fino, ligero, resistente y opaco que suele estar compuesto por un 25% de fibras de algodón y lino mezcladas con pulpa de madera procesada. Toma este nombre porque habitualmente se utiliza para imprimir la *Biblia*.
Bitono
Reproducción en dos colores de un original monocromo.
Bouncer
Un problema de registro que ocurre debido al uso del negro para cuatricromía. Se puede solucionar imprimiendo fondos con los otros colores para cuatricromía.
Canal
Una capa de información de color en una imagen. Una imagen RGB tiene tres canales, una imagen CMYK tiene cuatro y una imagen en blanco y negro tiene sólo uno.
CMYK
Cyan, magenta, amarillo y negro, iniciales en inglés de los colores primarios sustractivos y del proceso de cuatricromía.
Color fluorescente
Tinta especial de color vivo que no puede reproducirse combinando los colores para cuatricromía.
Colores de cuatricromía
Véase CMYK.
Contracolado
Laminación de dos materiales para imprimir con diferentes propiedades, como el color.
Decoración del corte
Un proceso de impresión especial para el borde frontal de las páginas de una publicación. *Gliding* es un tipo de decoración del borde frontal.
Desplegable
Hoja de papel que se dobla y se encuaderna en una publicación de modo que se pueda abrir y así adquirir una dimensión mucho mayor a la de la publicación que la contiene.
Encarte encolado (*tip-in*)
Encarte añadido a un libro o revista encolándolo por el corte de plegado.
Encuadernación
Cualquiera de los diversos procesos para unir las páginas o secciones de una publicación de modo que compongan un libro, revista, folleto o cualquier otro formato mediante grapas, alambre, cola u otros medios.
Encuadernación, tornillos de
Piezas utilizadas en el método de encuadernación Purdue con tapas duras para fijar la portada y contraportada a las páginas.
Encuadernación en acordeón
Una cubierta con forma de z que se utiliza para unir publicaciones separadas o dos partes de una misma publicación.
Enmascarar (*knockout*)
Hueco dejado en la capa de tinta inferior para que la imagen que se superponga aparezca sin modificaciones de color por la tinta que hay debajo.
Escala de grises
Una imagen que contiene sombras de gris así como blanco y negro.
Faja
Banda impresa que envuelve una publicación, típicamente usada en revistas.
Funda de cubierta o sobrecubierta
Una cubierta suelta para proteger las tapas de una encuadernación en tapa dura o cartoné.
Grabado en seco
Figura que resalta poco del plano. Huella.
Gradación
Una gradación de color(es) en aumento o descenso aplicada a una imagen.
Imágenes bitono
Imágenes producidas utilizando negro y otro color.
Imposición
Disposición de las páginas en la secuencia y posición en la que aparecerán tras la impresión antes de cortarlas, plegarlas y desbarbarlas.
Impresión por calor o termograbado
La lámina fina que se plancha sobre un soporte mediante calor y presión. También conocido como *block print*, grabado laminado o impresión con laminado.
JPEG (*Joint Photographic Experts Group*) Un formato de archivo para almacenar imágenes fotográficas. Un archivo JPEG contiene información de color de 24 bits (es decir, 6,7 millones de colores), utilizando la compresión para rechazar la información de imagen. Es adecuado para imágenes con gradaciones de píxel complejas pero no para la tinta directa.
Laca
Cobertura aplicada a una obra impresa para darle un acabado brillante.
Laminado
Material elaborado combinando dos o más capas de soporte. Suele usarse para conseguir un material de cubierta duro que combine un interior barato con un exterior imprimible. Véase también *Contracolado*.
Mapa de bits
Cualquier imagen gráfica que esté compuesta de elementos de imagen (pixels), utilizada comúnmente para reproducir imágenes bitono detalladas.
Niveles
La cantidad de color presente en un canal.

Offset
Técnica de impresión en la que la tinta se transfiere de una placa de impresión a un cilindro de caucho y de ahí al papel o al soporte de impresión.
Perforación
Serie de cortes u orificios practicados en un material para debilitarlo, que permiten rasgarlo con mayor facilidad.
Plan de impresión
Las páginas de una publicación, como se muestra en el plan de imposición, que recibirán un barniz o tinta especial, o que deben imprimirse sobre un material distinto.
Plegado en acordeón
Dos o más pliegues paralelos en direcciones opuestas que se abren como el fuelle de un acordeón.
Plegado en cruz
Una hoja de papel impresa por un lado y doblada verticalmente y luego horizontalmente para formar una sección sin cortar de cuatro páginas. La sección se cose por el pliegue y los bordes frontales y superiores se mantienen doblados y sin cortar.
Plegado en ventana
Un tipo de pliegue en el que los extremos izquierdo y derecho se doblan hacia el interior mediante pliegues paralelos y se encuentran en el centro de la página, sin superponerse.
Relieve
Diseño impreso sin tinta ni láminas, creando un realce.
Reventar (*ink trapping*)
Solapamiento de formas o de texto coloreado para evitar problemas de registro y la aparición de zonas en blanco.
RGB
Rojo, verde y azul, iniciales en inglés de los colores primarios aditivos.
Semitono
La simulación de un tono continuo producido por un dibujo de puntos.
Serigrafía
Un método para imprimir pequeñas cantidades en el que la tinta se pasa por una trama, que lleva el diseño, sobre un soporte.
Sobreimpresión
Un elemento impreso sobre otro en un diseño. Generalmente, el color más oscuro sobreimprime el color más claro.
Soporte
El material o superficie que sobre el cual se imprimirá.
Texto en negativo
La supresión de una parte de la base de color para dejar un espacio blanco.
TIFF (*Tagged Image File Format*)
Un formato de archivo para almacenar semitonos e imágenes fotográficas.
Tinta especial
Una tinta de imprenta especialmente mezclada para conseguir un color específico, incluyendo tintas color metálico o fluorescentes.
Tinta metálica
Una tinta de imprenta especial que proporciona un efecto dorado, plateado, de color bronce o cobrizo.
Tramas, uso de
Dos elementos que están impresos uno encima del otro y que son tintas del mismo color.
Troquelado
Creación de formas especiales en un soporte mediante el uso de un troquel.
Virado
Un tono de color que es predominantemente blanco.
Vitela, papel de
Una hoja fina de piel especialmente preparada de becerro, de cordero o cabritilla utilizada como material de encuadernación.

Cliente: Yi-Ban
Diseño: Four Letter Word
Proceso: Troquelados y plegado en acordeón para crear un logotipo apaisado.

Yi-Ban

Este es un menú creado para generar identidad corporativa por Four Letter World para el restaurante chino Yi-Ban, del barrio londinense de Docklands. Four Letter World desarrolló una marca contemporánea, presentando un paisaje estilizado en un círculo que se utiliza en el nombre, los menús y los envoltorios de Yi-Ban. Gracias a los diversos troquelados del menú, la marca puede construirse físicamente con los diferentes cuerpos y el uso de un plegado en acordeón.

Guía sobre formatos de archivo

Los diferentes formatos de archivos electrónicos tienen ventajas y desventajas, y algunos son más adecuados para algunas tareas que para otras. Para imprimir, un archivo TIFF *(Tagged Image File Format)*, a una resolución mínima de 300 DPI (*dots per inche* o puntos por pulgada), se considera óptimo para la reproducción. Un archivo JPEG *(Joint Photographic Experts Group)* que se ha comprimido suficientemente puede producir resultados comparables con un tamaño de archivo menor. El material gráfico para imprimir por calor y aplicar barnices directos debería suministrarse como un archivo de vector tipo EPS *(Encapsulated PostScript)*. Los dispositivos cortantes, como las máquinas que hacen transferencias de vinilo, también requieren material gráfico en formato de vector. En general, los archivos EPS se utilizan para trabajos en línea y logotipos, ya que los tamaños de los archivos son pequeños y las imágenes pueden ampliarse a cualquier tamaño, los archivos TIFF se utilizan para imágenes que se imprimirán en *offset* y los archivos JPEG se utilizan para imágenes de pantalla.

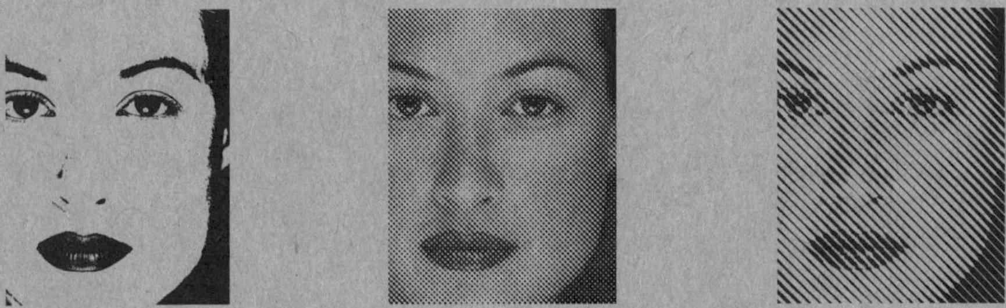

Mapa de bits
Un mapa de bits es una imagen gráfica que está compuesta de elementos de imagen (píxels). Un mapa de bits se suele utilizar para reproducir imágenes bitono detalladas, como fotografías. Este mapa de bits (izquierda) se ha convertido en una imagen en blanco y negro reduciendo el control umbral a un 50 %. La imagen cambia aún más con una oscilación de pequeña amplitud de la difusión (centro), y luego se aplica un semitono (derecha), que tiene líneas gráficas en negrita.

Escala de grises
Una imagen de escala de grises es la que contiene tonos de gris y blanco y negro, como se muestra (izquierda). Los tonos de esta imagen TIFF de escala de grises se pueden modificar fácilmente en los programas de edición para producir diferentes efectos. En este caso, el porcentaje de negro se reduce primero (centro) y luego se invierte (derecha).

TIFF ***(Tagged Image File Format)***

Un TIFF es un método flexible de almacenar imágenes fotográficas y semitonos. Los archivos TIFF son adecuados para la producción de impresión porque utilizan compresión sin pérdidas, lo cual significa que no se pierde información y que la calidad original de la imagen se conserva. El TIFF de arriba (izquierda) se ha pasado primero a semitono (centro) y luego se ha ajustado el contraste (derecha).

EPS ***(Encapsulated PostScript)***

El EPS es un formato de archivo de imagen para almacenar mapas de bits y material gráfico basado en objetos o vectores. Los archivos EPS se pueden reajustar y distorsionar y también se puede separar el color, pero no se suele poder hacer ninguna modificación del contenido. El par de imágenes que se muestran arriba a la derecha se han producido a partir de archivos de mapa de bits (como un JPEG), han perdido detalle y se han pixelado porque se han ampliado.

JPEG ***(Joint Photographic Experts Group)***

El archivo JPEG se utiliza para almacenar imágenes fotográficas, comprime la información descartando la no necesaria, con lo cual se consigue un tamaño de archivo menor. Esta pérdida de información tiene como resultado una reducción de la calidad de la imagen. Los archivos JPEG ligeramente comprimidos pueden ahorrar mucho espacio con poca pérdida de calidad. Esta imagen JPEG (izquierda) tiene una calidad similar a la de un archivo TIFF, pero al comprimir más para obtener un tamaño de archivo menor se reduce la calidad (centro) y la imagen se empieza a pixelar (derecha).

Guía de plegados

Plegado en acordeón / en zigzag Dos o más pliegues paralelos que van en direcciones opuestas y se abren como un acordeón.

Plegado enrollado en cilindro Dos o más pliegues paralelos que van en la misma dirección para que el documento quede enrollado.

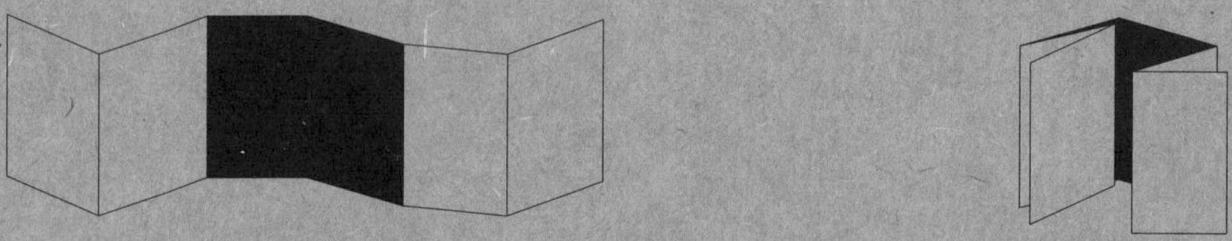

Plegado en acordeón frontal / trasero o de ventana doble Con tres pliegues paralelos, las alas exteriores se abren y se pliegan desde el centro. El centro del cuerpo doble sirve como cubierta.

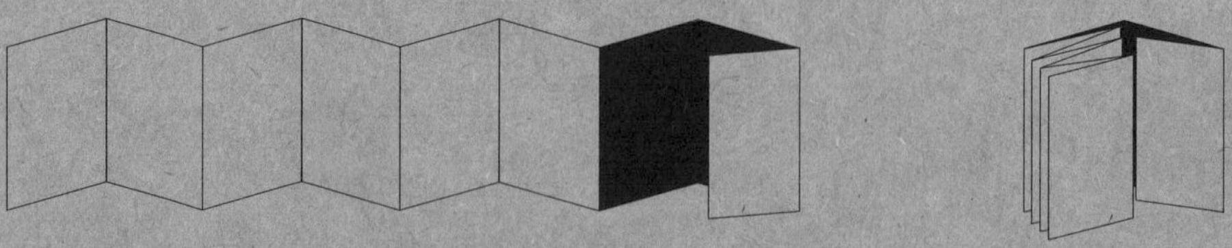

Plegado de falso libro Es en esencia un plegado en acordeón en el que los dos cuerpos penúltimos forman una cubierta en cuyo interior se pliegan los otros cuerpos, creando un libro.

Desplegable frontal / trasero o plegado en ventana Cuerpo doble suplementario que se pliega hacia el interior del cuerpo frontal y/o trasero. Este plegado suele verse en novelas en rústica de alta calidad.

Carpeta frontal / trasera Las alas a ambos lados del cuerpo central tienen un pliegue doble en paralelo de modo que se pueden doblar rodeando y cubriendo ambos lados del cuerpo central.

Media cubierta desde atrás Plegado en acordeón en el que el penúltimo cuerpo forma una cubierta trasera donde se alojan los otros cuerpos creando un libro, pero el último medio cuerpo se pliega envolviendo el libro desde atrás y cubriendo la parte frontal junto al primer medio cuerpo.

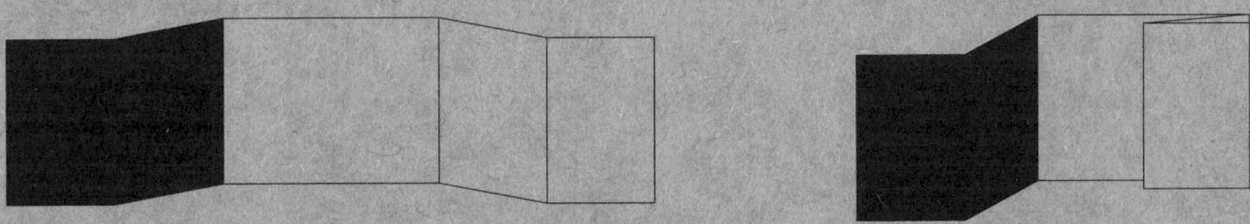

Pliegue en z enfrentado Las alas del pliegue en z se doblan hacia el medio y se encuentran en el centro.

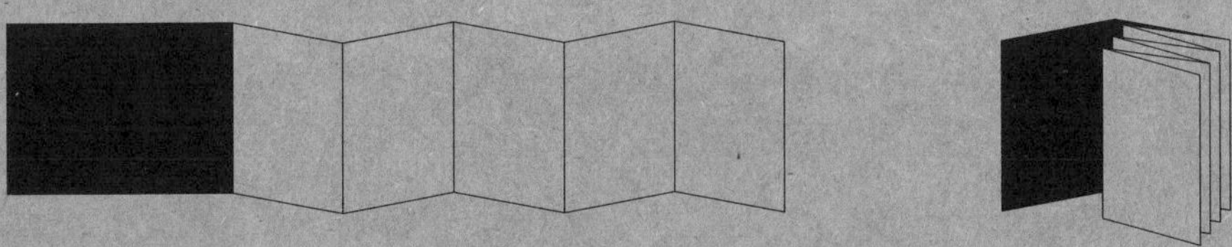

Carpeta enrollada Plegado en acordeón en el que los dos primeros cuerpos forman una cubierta envolvente en cuyo interior se alojan los otros cuerpos. Los dos primeros cuerpos deben ser mayores que los otros para permitir el plegado.

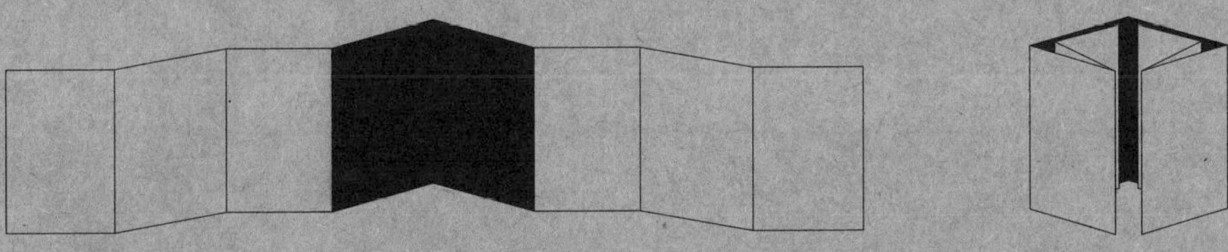

Desplegable doble Desplegable con tres cuerpos que se abren y se pliegan hacia el centro de la publicación.

Guía para encuadernar

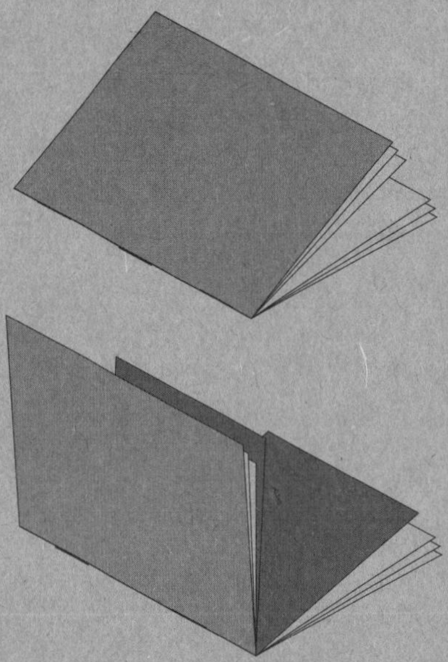

La **encuadernación a caballete** es un método de encuadernación que sujeta las páginas sueltas de una publicación con grapas por el pliegue central.

La **encuadernación cosida a un lado** (costura francesa) utiliza las grapas para sujetar las páginas por todo el grosor del conjunto de pliegos para reforzar aún más la encuadernación. También se utiliza para unir varias secciones y puede reforzarse o cubrirse con una cinta.

La **encuadernación con *wiro*** utiliza un canutillo de alambre preformado que se pasa por un conjunto de agujeros hechos en las páginas.
La **encuadernación con canutillo** funciona de manera similar, pero el canutillo es de plástico.
La **encuadernación con espiral** funciona de manera similar, pero es una espiral que se pasa de arriba abajo (o viceversa) por los agujeros y es más duradera. Los tres métodos de encuadernación permiten que cuando se abran las páginas de la publicación queden planas.

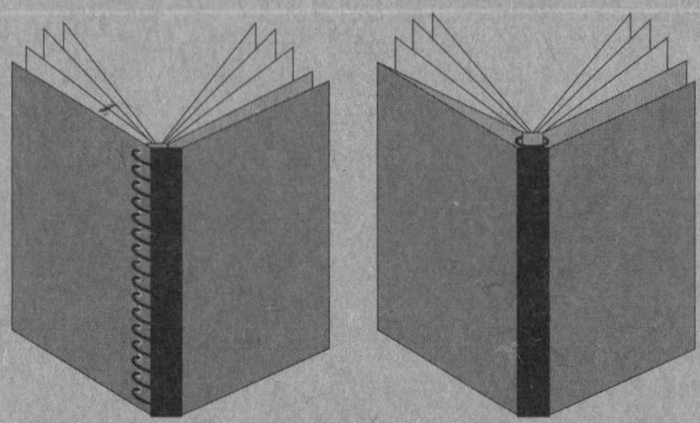

La **encuadernación envolvente** utiliza un *wiro* con una cubierta que lo recubre, lo cual combina las ventajas de la encuadernación en espiral (las páginas quedan planas) con el aspecto profesional de la encuadernación a la americana. Con este método de encuadernación el lomo queda liso, así que es adecuado para documentos que deben colocarse en estanterías. La encuadernación envolvente (derecha) tiene el lomo totalmente cubierto, mientras que la encuadernación semienvolvente (izquierda) tiene la espiral parcialmente a la vista.

La **encuadernación acordeón o en z** utiliza una cubierta en forma de z para unir dos publicaciones separadas, o dos partes de la misma publicación. La encuadernación en acordeón es una manera práctica de agrupar la información de una publicación en diferentes secciones. El método común de encuadernar en acordeón es tener dos volúmenes encuadernados a la americana unidos por una única tapa.

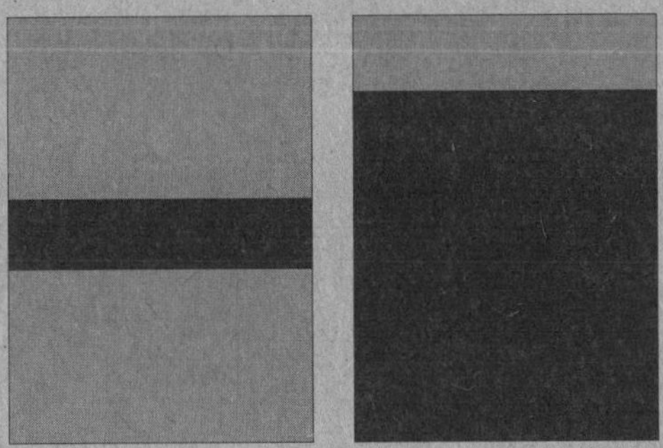

Una **faja** es una banda impresa que envuelve una publicación y sujeta sus páginas. Las fajas presentan una gran variedad de tamaños y se suelen utilizar con libros o revistas de consumo.

La **encuadernación a la americana** es quizás el método más popular utilizado para producir libros en rústica. Los pliegos del libro se unen y sus lomos se sujetan para crear una superficie rugosa sobre la que se aplica un adhesivo flexible para formar un lomo. Luego se añade una cubierta que se une al adhesivo y el borde exterior se corta recto. Para reforzar aún más las secciones se pueden coser o encuadernar térmicamente.

Guía para encuadernar un libro

Encuadernación de un libro en tapa dura

Para seleccionar el método de encuadernación adecuado hay que tener en cuenta toda una serie de factores, como la calidad, la durabilidad, el impacto visual y el coste del trabajo. Un buen acabado añade valor al contenido de un libro y lo convierte en un objeto que puede durar muchos años.

1. La encuadernación de un libro en tapa dura empieza reuniendo los pliegos de la publicación para formar la tripa o bloque del libro.

2. Luego se colocan las guardas delante y detrás de la tripa del libro.

3. Se pega una tira de gasa para encuadernar, que es una banda almidonada de tela, para unir la tripa del libro con la cubierta.

4. Las cabezadas se pegan arriba y abajo del lomo de la tripa del libro y se coloca la cubierta.

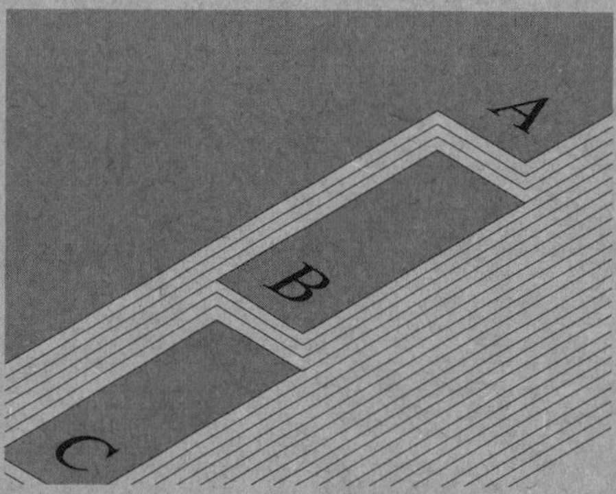

Cortar el índice o uñero

Este es un proceso mediante el cual los pliegos se cortan a la medida de las lengüetas del índice y dividir las diferentes secciones o capítulos de una publicación. Suele utilizarse con diccionarios y otras publicaciones de referencia.

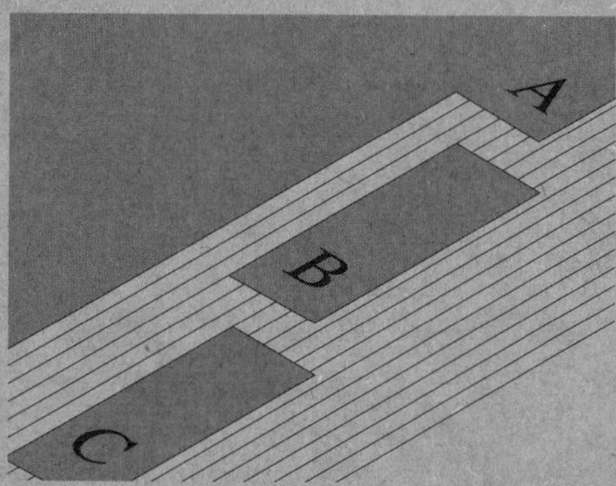

Separadores con lengüeta

Esta es una alternativa más barata que la anterior, en la que se utilizan páginas sueltas o de referencia para indicar las diferentes secciones o capítulos de una publicación, las cuales están identificadas con lengüetas que sobresalen.

Libros encuadernados a media piel y fundas de cubierta o sobrecubierta

La encuadernación a media piel es un método que utiliza dos materiales de diferente calidad en las tapas, ya que utiliza un material de mejor calidad (como la piel) para recubrir el lomo. Un libro encuadernado a media piel también puede presentar triángulos de refuerzo adicionales en las esquinas hechos con este material de mayor calidad. En última instancia, la mayoría de ediciones de tapa dura están acabadas con una funda de cubierta, una hoja suelta, que protege las tapas del libro.

Variaciones de la funda de cubierta o sobrecubierta

Una funda de cubierta corriente es una hoja suelta, normalmente con solapas de un mínimo de 75 mm, que se coloca entre las guardas de un libro encuadernado en tapa dura o la cubierta y la tripa del libro de un libro encuadernado a la americana. La funda de cubierta plegada en ventana (como se ve en la ilustración) utiliza una hoja más grande, que se dobla por arriba y por abajo, lo cual añade cuerpo y refuerza la publicación, ya que protege los delicados bordes del papel.

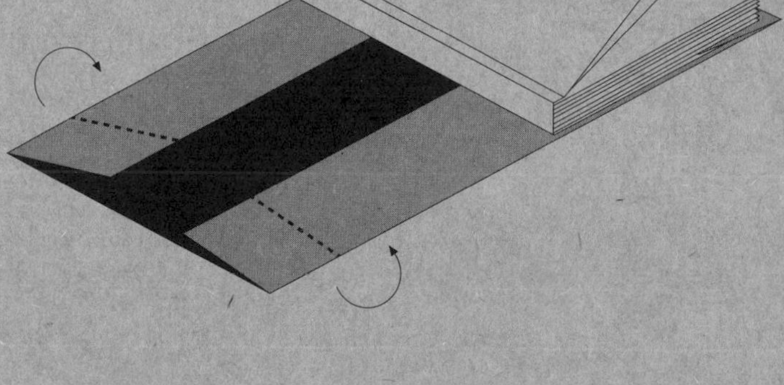

Conclusión

Este libro explica los métodos y los principios básicos de diseño utilizados en la impresión y los acabados de impresión. El diseñador que conozca de forma rigurosa los procesos de impresión y las técnicas de acabado podrá aprovechar el potencial creativo de estos procesos y añadir nuevos elementos creativos al diseño para aumentar su impacto y funcionalidad.

Los métodos de impresión y las técnicas de acabados de impresión conforman el producto físico al final del proceso de diseño. Si se utilizan con una maqueta bien pensada y se tienen en cuenta los tratamientos tipográficos y un uso del color y de la imagen ingenioso, la impresión y los acabados de impresión apropiados no sólo permiten que los otros elementos de diseño brillen, sino que también pueden diferenciar la publicación de otras obras. Esperamos que este libro sea una referencia útil que ayude a integrar y manipular las técnicas de impresión y acabados de impresión para poder realzar los diseños.

Este libro debería entenderse como un punto de partida para explorarlas. El uso innovador de estas técnicas requiere experimentación, una buena reflexión e inevitablemente algún que otro error, pero armados con los ejemplos y las contribuciones reunidas en este volumen, se puede entender mejor cómo funciona cada proceso.

Pierre Cardin (derecha)

Este libro de prensa, creado por el estudio de diseño George & Vera para el lanzamiento de la temporada primavera-verano 2006 del diseñador de moda Pierre Cardin presenta un espacio blanco lujoso alrededor de las imágenes para que resulten sencillas. La maqueta orientada verticalmente, escogida especialmente para la tipografía, aporta un elemento visual interesante. El formato es una cubierta de plegado en ventana de cuatro cuerpos que muestra ropa formal, entre la que la sección principal de ropa informal está sujeta al borde de entrada.

Cliente: Pierre Cardin

Diseño: George & Vera

Proceso: Sección de papel sujeta a una cubierta de plegado en ventana de cuatro cuerpos.

Agradecimientos

Queremos agradecer la colaboración de todos aquellos que nos han apoyado durante el proyecto, incluidos los muchos directores de arte, diseñadores y creativos que demostraron una gran generosidad al permitirnos reproducir su trabajo. Muchas gracias a quienes fueron a la caza y captura, recopilaron, compilaron y redescubrieron algunos de los fascinantes trabajos contenidos en este libro. Gracias a Xavier Young por su paciencia, determinación y habilidad para fotografiar los trabajos expuestos en este libro. Por último, gracias a Caroline Walmsley, Renée Last, Brian Morris y a todo el personal de AVA Publishing que nunca se cansaron de oír nuestras peticiones, solicitudes y preguntas y que nos apoyaron durante todo este tiempo.

Separaciones de color (derecha)

Estas son las pruebas de imprenta de cada una de las separaciones de color. Las pruebas se utilizan para que el impresor y el diseñador comprueben si la reproducción de color del proceso de impresión es precisa. Las pruebas contienen varios dispositivos gráficos con los que se puede evaluar la eficacia del proceso de impresión, como las cruces de registro, las líneas de corte, las tiras de control de color. Cuando se aprueban, son el referente con el que se comparará un material impreso antes de ser aceptado.

Project3 28/5/06 5:03 pm Page 1 (Cyan plate)

Project3 28/5/06 5:03 pm Page 1 (Magenta plate)

Project3 28/5/06 5:03 pm Page 1 (Yellow plate)

Project3 28/5/06 5:03 pm Page 1 (Black plate)

Agencia	Contacto	Números de página
Bruce Mau Design	www.brucemaudesign.com	39
Cartlidge Levene	www.cartlidgelevene.co.uk	52-53, 141
dixonbaxi	www.dixonbaxi.com	104, 156-157
Faydherbe / De Vringer	www.ben-wout.nl	7, 20-21, 78-79, 85, 94, 117, 150-151
Four Letter Word	www.fourletterword.co.uk	71, 158, 163
Frost Design	www.frostdesign.co.uk	58-59, 124-125
Gavin Ambrose	www.gavinambrose.co.uk	15, 36-37, 88-89
George & Vera	www.georgeandvera.com	25, 83, 108-109, 154-155, 172-173
HGV Felton	www.hgvfelton.com	134-135
Howdy	www.howdydesign.co.uk	22
KesselsKramer	www.kesselskramer.com	80
MadeThought	www.madethought.com	14, 16-17, 43, 120-121, 144, 148-149
NB: Studio	www.nbstudio.co.uk	34-35, 42, 60-61, 80, 129, 145
North	www.northdesign.co.uk	86
Parent	www.parentdesign.co.uk	73, 120, 128, 153
Research Studios	www.researchstudios.com	131
Rocca Creative	www.roccacreative.co.uk	110-111
Sagmeister Inc.	www.sagmeister.com	22
SEA Design	www.seadesign.co.uk	24-25, 26, 26-27, 44-45, 62-63, 74-75, 104-105
Studio KA	www.karenandy.com	122-123
Studio Myerscough	www.studiomyerscough.co.uk	19, 22, 78, 87, 98-99, 104, 144, 146-147, 158-159
Studio Output	www.studio-output.com	76-77
Studio Thomson	www.studiothomson.co.uk	10-11
Tank	www.tankmagazine.com	144
The Kitchen	www.thekitchen.co.uk	3
Thomas Manss & Company	www.manss.com	16, 23, 152-153
Thirteen	www.thirteen.co.uk	80, 138-139, 153
Turnbull Grey	www.turnbullgrey.co.uk	12-13, 18-19, 54-55, 56-57, 70-71, 92-93, 94-95, 96-97, 100-101, 132-133
Turnbull Ripley	www.turnbullripley.co.uk	90-91
Untitled	www.untitledstudio.com	28-29, 30-31, 40-41, 46-47, 66-67, 72-73, 98, 137, 143
Vasava	www.vasava.es	107
Webb & Webb	www.webbandwebb.co.uk	64-65, 102-103